50のポイントでわかる

異動1年目の
自治体予算の
実務

一般社団法人 **新しい自治体財政を考える研究会**——編

長久洋樹／安住秀子／今村 寛／川口克仁／定野 司——著

学陽書房

はじめに

　財政課は口を開けば「金ない、金ない」だよね〜

　しかし、予算が成立しなかった自治体は、これまで一つもありません。

「なーんだ、何とかなるんじゃない・・どこかに金があるんだ〜」

　いいえ、そうではありません。

　各会計年度における歳出は、その年度の歳入をもって、これに充てなければならない（会計年度独立の原則）とは、裏を返せば、その年度の歳入はその年度で使い切りなさいということであり、かつ、首長（知事や市町村長）には、やりたいことが山ほどあるので、お金が余ることなどあり得ません。つまり、財政に余裕があるときは一時もないわけです。

　仮に、お金が残ったとしましょう。

　ここで言う「お金が残った」というのは歳出予算の不用額ではなく、決算の結果出る「実質収支」のことです。不用額は使えるお金の上限額（歳出予算額）と実際に支払った金額の差であり、現金が残っているわけではありません。実際に入った収入（現金）から実際に出た支出（現金）を差し引いた残額（現金）を「形式収支」と言いますが、この「形式収支」から、さらに翌年度に繰り越す財源（現金）を差し引いた額（現金）、これを「実質収支」と言います。

　この実質収支が赤字では困りますが、多額の黒字が出たらどうでしょう。

「もっとやりたいことができたはずだ」（首長）

「もっと予算化できる事業があったはずだ」（議会）

「余るくらいなら、払った税金を返せ」（納税者）

「地方交付税を過大算定しているのではないか」（政府）

　こうした声が出ないのは、財政課にいつも「現金」がないからです。

　一方、予算を要求する事業課の職員は、新しい事業を展開（ビルド）するために、財源を生み出さなくてはなりません。しかし、事業のスクラップは簡単には進みません。必要十分な予算を投入しなければ、事業目的、行政目的を達成することはできず、全体の事業費を少しずつ削るやり方には限界があるからです。

本書は、こうした多くの悩みを抱える財政課、事業課のみなさんのために作りました。多くの悩みがあるということは、同じ数だけ解決策があるはずです。もし、これを全国の自治体で共有することができれば、どれだけ仕事が楽になるでしょう。楽になった分、新しい課題の解決に当たり、それをまた形式知にして普及させることができれば、自治体職員の悩みは瞬く間に解決するでしょう。

　こうした理念をもとに結成された「新しい自治体財政を考える研究会」は、財政課職員やOBを中心とした会員制の組織で、日常業務の中で抱いている課題や苦悩を共有し、解決方法を議論しながら、これまで「幸せな合意形成」を達成するための予算編成フローを考えてきました。

　その活動の中で、当研究会の活動が「幸せな合意形成」のみならず、その先にある「将来にわたり持続可能な自治体運営を図る」という、より大きな目的に繋がっていると確信し、2022年8月、任意団体であった当研究会を一般社団法人化し、自治体相互の連携がより広く、深くなる活動を行うことにしました。

　当研究会の会員は、法人化後の1年間で120自治体から2倍以上の300自治体に増えました。これは、自治体の悩みがいかに深く、広いかを表していると言えるでしょう。

　本書は、自治体の抱える根源的な、問題・課題を様々な工夫とアイデアで乗り切ってきた5人の「財オタ」に書いていただきました。「財オタ」とは、財政をはじめとした行政に関する本の執筆や専門誌への寄稿、国の有識者委員会の委員を務めるなど、知識と経験豊富な行財政のプロであり、会員の皆さんと楽しみながら本気で行財政について考える、当研究会の柱となる方々です。

「私たちに解けない課題はない」

　この思いが本書を通じて皆さんに伝わり、首長や自治体職員のみならず、議員や住民の皆さん、多くの方々の「幸せな合意形成」につなぐことができれば、これに勝る幸せはありません。

2024年1月

　　　　　　　　新しい自治体財政を考える研究会　代表理事　定野　司

目　次

はじめに……………………………………………………………………………2

第1章　財政課はこんなところを見てる／見られてる

1　予算査定は誰のためのものか……………………………………8

2　予算要求書に記載ミスはないか…………………………………10

3　シーリングを守っているか………………………………………12

4　事業の目標が明確か………………………………………………14

5　新規要求や拡充要求の際、
　　既存事業の点検はしっかりなされているか…………………16

6　説明資料は、担当課以外にもわかりやすい情報と
　　なっているか………………………………………………………18

7　説明資料の見込み値は、丁寧に推計されているか…………20

8　歳入を探しているか………………………………………………22

9　これまでの首長ら幹部からの指摘や財政課からの
　　宿題や約束を踏まえた要求となっているか…………………24

10　財政課の担当者としっかりと意思疎通が図られているか……26

11　未来を見越した要求となっているか……………………………28

COLUMN 1　時間を稼ぐ………………………………………………30

第2章　要求を通したい／通してあげたい

12　レガシー事業をイノベーション…………………………………32

13　これからはアジャイル型要求……………………………………34

14　公民連携、庁内連携のススメ……………………………………36

15　財源確保は当たり前 ……………………………………38

16　要求段階で効果検証のスベを考える ……………………40

17　事業を増やさないことこそ住民ファースト ……………42

18　「補正予算はつきやすい」のワナ …………………………44

19　世の中の動きに敏感であれ ………………………………46

20　補助金はやめられなくなる ………………………………48

21　ニーズは満足度の確認だけでは不十分 …………………50

第**3**章　予算の枠配分を活かす

22　シーリングは何のため ……………………………………54

23　枠配分予算のススメ ………………………………………58

24　枠配分予算はバラ色か ……………………………………62

25　誰が枠配分予算を殺したか ………………………………66

26　任せてやらねば人は育たず ………………………………70

27　風が吹けば桶屋が儲かる …………………………………74

28　やるべきことをやるだけ …………………………………78

29　目玉施策は誰のため ………………………………………82

30　ゼロサムゲームか焼け石に水か …………………………86

31　腰抜けたちの度胸試し ……………………………………90

COLUMN 2　時間を買う …………………………………………94

第4章 地方公会計制度を予算に活かす

32 資金仕訳変換表① ･･･････････････････････････････ 96
33 資金仕訳変換表② ･･･････････････････････････････ 98
34 予算仕訳 ･･･ 101
35 地方公会計の基礎① ･････････････････････････････ 104
36 地方公会計の基礎② ･････････････････････････････ 108
37 地方公会計の活用 ･･･････････････････････････････ 110
38 地方公会計情報を部品として活用する ･････････ 111
39 管理会計から行政評価、そして EBPM へ ･････ 113
40 予算インセンティブとサービスデザイン思考 ･･･ 117
COLUMN 3　時間を貯める ･･･････････････････ 120

第5章 どうしても押さえておきたい10のポイント

41 通称「ゼロ債務」を上手に使う ･････････････････ 122
42 いい流用・悪い流用 ･････････････････････････････ 124
43 歳出予算＝歳入予算にするには ･････････････････ 126
44 使い切り予算の功罪 ･････････････････････････････ 128
45 いざというときの一時借入金 ･･･････････････････ 130
46 行政評価で目標・プロセスを明確化する ･･･････ 132
47 予算編成は予算主義から成果主義へ ･･･････････ 134
48 赤字にも黒字にもしない決算整理 ･･･････････････ 136
49 経常収支比率の怪 ･･･････････････････････････････ 138
50 改革を進めるための三原則 ･････････････････････ 140

「おわりに」のひとつめ ･･･････････････････････････ 142
「おわりに」のふたつめ ･･･････････････････････････ 144

第1章

財政課はこんなところを
見てる／見られてる

長久洋樹

予算査定は誰のためのものか

（1）財政課の査定は、予算を切ることが最大の目的！？

　毎年、予算要求の時期になると、原課は財政課が求める膨大な資料作成に追われています。

　しかも、多くの要求は（特に新規要求は）、財政課に一刀両断され、そればかりか、旅費や事務費など、業務遂行に必要な予算も勝手に切り刻んでくるケースもあります。結局、毎年の予算編成作業は、財政課の予算カットのための有効な手段であり、一方、原課にとっては、思いが遂げられない「やりがい詐欺」のような無駄な作業の塊となり、その繰り返しが、財政課と原課との関係性を悪化させる大きな要因になりがちです。

　でも、財政課の職員も皆さんと同じ役所に勤める同士（次の人事異動で立場が逆転することも）ですし、あえて嫌われることをしたくないのも人の常です（一部、官房系勤務に染まった人で勘違いしている人やどの部署にいても自分のことしか考えない残念なケースも見受けられますが）。「予算査定≒予算カット」となっている現状があれば、それは、原課にとっての大きな不満要因だけでなく、財政課にとっても原課に対する相当の不満要因になっている可能性が高いです。

（2）予算編成作業は、財政課と原課との共同作業

　私は、常々、予算編成作業は、財政課と原課との共同作業だと思っています。現場のことは原課が一番知っています。財政課は、当該年度ないしは数年間にわたり準備できる一般財源との収支ギャップを確認した上で、その要求内容そのものに加え、関連する他事業と比較し合理的かどうかという点で査定することが求められているのだと思います。ただ、そういいながらも、財政課は短期間で膨大な予算編成作業をこなすこと、首長ら幹

部のマクロレベルでの視点に基づく評価を優先し査定する傾向にあること等から、原課のミクロレベルでの要求を十分に理解できず、結果、査定結果が原課の思いとは異なる不幸な事故を起こしてしまうときもあります。これは、本来は、財政課の情報収集・処理能力を問うべき課題なのかもしれませんが、作業時間は有限なことのみならず、そもそも原課の思いを遂げるのが原課にとって予算編成作業の最大の効果であることや原課の努力や工夫により財政課の処理能力を向上させることも可能なこと等から、財政課の理解だけを求めるのではなく、原課の作業内容を改善し、財政課の理解促進に取り組むことはとても大事なことだと思います。

　また、財政課の努力不足、理解不足だけが不幸な事故を生み出す要因ではありません。原課のほうも、あまりにも現場を見すぎるにあたり、これまでの行政サービスや他部局の施策や事業を無視した、突拍子もない要求をしてくるケースがあります。現場の課題解決は大事なことですが、私たちは、税金を原資としたサービスを提供していますので、その使途に客観性や普遍性がないといけません。これまでの経験上、予算査定時において、「そもそも、その課題認識が十分に整理されていない」「その課題認識は間違っている」「課題への意識は共有できるが、手法は共感できない」など、原課の作業不足を感じることが数多くあったことも事実です。

（3）すべては市民生活の向上のために

　予算編成作業において、財政課が指揮者であれば、原課は演奏者です。そして、市民が観客です。観客の立場になれば、指揮者の独りよがりのタクト裁きによる演奏も聴いていられませんが、指揮者の表現能力についていけない演奏も聴いていられません。指揮者と演奏者は、お互いを尊重し、観客に対し豊かなハーモニーを奏でる努力が求められています。役所内部でのキツネとタヌキのだましあいに明け暮れるのではなく、「税金を活動の原資とする自治体職員の基本的な視点」をもって原課の立場からも予算編成作業に積極的に関わっていただき、財政課との共同作業を実現してください。

予算要求書に記載ミスはないか

（1）予算要求書で最も大事な情報は要求金額

　予算要求書は、文字通り、要求金額を確認することが最大の目的ですので、原課の皆さんも一番気を使っていると思います。

　しかし、そんな要求書ですが、たまに、積算が間違っていたり、予算要求の検討時点で一度記載した内容が消し忘れていたり、または、記入漏れしていたり、など、金額ベースでの間違いも散見されます。

　それが１か所程度でしたら優しい気持ちにもなれるのですが、複数見受けられると確認作業等に時間を要することから「予算足りなくなるけど要求通りで査定しちゃおうかな」という気にもなります。

　要求書の作成は皆さん一番気を使っていることだと思いますが、些細なミスで要求書の質が下がるのはとても残念です。要求書作成の際にはシステムに入力する自治体が多いと思いますが、積算根拠となる部分も含め、検算は丁寧にやりましょう。

（2）選択した節・細節で、原課の事業実現方法がよくわかる

　要求書では、節・細節ごとに要求金額を記載していると思います。当然ですが、節・細節は、当該要求事業の具体的な実現方法に基づき記載されていますので、原課の事業実現に向けた思いや手段が金額ベースで表現されているものです。

　このとき大事なポイントは、説明内容と積算内容が一致しているか、です。例えば、100万円のイベント経費を要求した場合、その100万円は、市主催で開催するのか、実行委員会が主催するのか、実行委員会が主催する場合、市が共同開催者として負担金で支払うのか、支援機関として補助金で支払うのか、などの選択肢が発生します。イベントの位置づけにより予

算の執行方法が異なりますので当然のことですが、「市が主催でも、積算根拠が詰められないから補助金で要求しておこう」というような発想は、結局、自身の事業を丁寧に吟味していない証拠となり、そういう思いは要求書から透けて見えますので、そんな要求が通ることはありません。また、例えば、その100万円必要なイベントの参加規模が100人だとして、イメージする会場が1000人規模だったり、200人分の参加賞を考えたりしていることは明らかに要求過多であり、やはり、こういう積算をしている事業も実現性が低いです。予算書は市の政策実現に向けた様々な取り組みを金額ベースで取りまとめたものです。予算編成作業はそのための作業ですので、財政課職員は、節・細節及び事業規模から要求事業を評価することに慣れています。自分たちのやりたい事業の実現に向け、最も効率的な金額と節・細節の選択を行う意識を持つようにしましょう。

（3）要求書で大事な情報は金額だけではない

　予算要求書の様式は各自治体で異なると思いますので、ここに記載の情報は、もしかしたら、あまり一般的ではないかもしれませんが、気になるポイントなのでお知らせします。

　予算要求書の様式によっては、事業の概要や総合計画上の進捗状況など、金額以外の情報を記載する箇所があります。その欄は、査定される金額情報がないことから、多くの原課が前年通りで、ほぼ修正することなく提出することも見受けられます。財政課では、その事業がどういう趣旨で要求されているのか、その概要を把握するための一次情報として、これらの内容を確認しています。その際、前年度に新規事業として要求をした際の情報が更新されていなかったり、情報がとても少なかったりすると、この予算要求を通じてどのような課題解決を希望しているのかわからない場合もあり、結果として、財政課による間違った査定に繋がる可能性も否定できません。

　求められた資料には丁寧に向き合うことをお勧めします。

3

シーリングを守っているか

（1）シーリングは絶対？努力目標？

　自治体によって、シーリング設定のない自治体もありますが、多くの自治体では、「前年並み」も含めて、一定のシーリングがあると思います。そのシーリングも枠配分予算のように、必ず守らなければならないものや、努力目標に留めているものなど、運用の違いもあるかと思います。

（2）シーリングは一般財源ベースにおける歳入見通しと歳出見通しのギャップ解消のための手段

　財政課は、どうしてシーリングを設定するのでしょうか。多くの方が想像されるように、財政課が原課の予算要求の肥大化の抑制や既存事業の見直しを促すため、「なんでも要求すればいいってもんじゃないぞ」と一定の制限の目安を提示している要素もあるかもしれません。ただし、本質的には、予算には、人件費、扶助費のみならず、施設管理費や継続的に支援しているイベント補助のように、毎年、事実上の義務的な経費として要求するものもあれば、法令の改正や時代の趨勢により発生した新たな行政需要に伴い要求せざるをえないもの、あるいは、首長の政策実現に向けて特別に予算計上を求められるものなど、様々な背景を持った事業が要求されます。それらをすべて集約したときに、新年度における年度途中の追加需要も含め、通年ベースで想定される歳出ベースでの一般財源必要額と地方税や地方交付税など歳入ベースでの一般財源見込額との差分を見極め、そのギャップの解消を図る手段がシーリングの設定であり、目標値（例：前年比マイナス５％）がその手段となります。

（3）シーリングはマクロベースでの予算の最適化を図るため

　原課の多くは、シーリングを守るため、既存の予算を少しずつ切り刻む努力を積み重ねており、それが10年以上続くと、「もうこれ以上削るものなんてないよ！」となり、シーリングという言葉を聞くのもうんざりされていると思います。シーリング対象事業の性質次第では、財政課もそう思いながら、形式的に設定しているケースもあるかもしれません。ただ、ここで改めて申しますと、シーリングは、自治体が自由に使える一般財源の使途の全体最適を図るための手段です。ある１つの施策分野を進めるには、人件費や施設管理費などの日常の管理経費も含め、複数の事業の連携で進めています。シーリングを守ることは、単なる数字合わせではありません。すべての予算が市民生活の向上に寄与していますので、どの事業にどのような経費をかける（見直す）ことが当該分野の行政効率や課題解決に向けた効果に寄与するのか、という視点を磨く手段であることもご理解いただけたらと思います。

事業の目標が明確か

（1）制度化されてなくても事業評価は必要です

　原課では、多くの事業に取り組んでおり、その多くの事業に予算がついています。その中には、その分野でのリーディング事業もあれば、特定の課題に対するアリバイ作りが大きな目的となっている事業もあると思います。

　事業評価制度が導入されている自治体はともかく、制度のない自治体においても、予算計上されている事業について点検作業を行っていますか？事業評価は、導入自治体であっても、その見直しの努力を内部で等しく評価、運用できないと形骸化してしまう可能性が高い作業です。特に評価制度が導入されていない自治体においては、アリバイ事業は、「予算計上＝目標達成」と認識されがちで点検作業への思いに至らないと思いますし、またリーディング事業であっても、その事業の持つオーラから再点検作業に着手しにくい状況にあるのではないでしょうか。

（2）明確な目標設定が事業評価の近道

　本来、予算計上されているすべての事業は、新規事業立案時点で、その分野での課題解決に向け有効な手法として判断されたから計上されているはずです。どんな事業であっても、予算要求時点では、どのくらいの年月（期間）をかけて、どの程度までの課題解決を実現（達成度）するのかを描いていたと思います。

　公務員は、新規事業の立案は得意ですが、既存の事業の見直しは苦手です。それは、事業が実現すると、大なり小なりその事業の受益者が発生することと、予算化することで事業のアリバイ化が実現し、新規事業によるサービス受益者の増加とともに、事業見直しに伴う不利益を被る一部の受

益者と作業が増える公務員の負担軽減の利害が一致するからです。しかし、私たちが税金の使途を考えるときに大事なのは最少費用による最大効果です。地方財政法にも「地方公共団体は、法令の定めるところに従い、且つ、合理的な基準によりその経費を算定し、これを予算に計上しなければならない。」と定めてあります。評価を適切にしていくには、原点に立ち返り事業それぞれに評価に必要な物差しを定めることが有効です。例えば、改めて事業評価した既存事業の中で「A分野の課題解決に向け、自治体独自の新たな認証制度を5年前に導入した。第一段階として、3年間、毎年100万円をかけ、対象者の10％程度の浸透を図るとしていたが、まだ、5％の浸透度しかなく、しばらく継続したい。」という事業があった場合、目的は、A分野の課題解決であり、自治体独自の認証制度の普及ではないはずなので、認証制度の導入は、結果として、時宜に応じた有効な手法でなかった可能性もあり、事業の見直しも含めて対応が必要だと考えます。

（3）事業点検には目標の明確化と経営の3資源の視点で

　事業手法の見直しにあたっては、課題解決に向けた目標の明確化と経営の3資源である「ヒト・モノ・カネ」の3つの視点で評価することが妥当です。目標が明確でないと、なにをしていいのかわかりません。先ほどの例のように、目標が明確であれば事業の進捗度合いが客観的に判断できます。また、事業を見直しするとして、それがどんないい事業手法であっても、予算や職員のマンパワーなどが今の何倍も必要となるなら、その事業手法は「いい方法」ではありません。資源には限りがありますし、コロナ禍や自然災害への対応のように、緊急事態への対応が長期化することも想定される中で、平時における適正な業務量を見極めることは組織のリスクマネジメントを考える上で大事な観点です。これらの作業で常に既存事業を客観的に評価していくことができれば事業の固定化を防ぐことができ、「スクラップ＆ビルド」をマイナスなイメージでなく、時宜に応じた費用対効果の高い事業の実現手段として必要なものと理解できるようになるのではないでしょうか。

5

新規要求や拡充要求の際、既存事業の点検はしっかりなされているか

（1）新規・拡充事業の積み重ねはキャパオーバーへの道のり

　新年度予算要求時に、毎年、新規・拡充事業（以下、新規事業）が計上されています。新規事業要求には、法令改正等により自治体業務の拡大に伴うものや単独事業として行政課題に新たに対応するため首長からの指示や原課の判断によるものなど、様々な背景があると思います。見方によっては、新規事業がない予算要求は喫緊の課題に誠実に向きあっていないともいえ、毎年、一定数の新規事業は必要だと思います。しかし、誰もがお分かりのように、新規事業を毎年積み上げていけば、そのうち一般財源は足りなくなりますし、対応する職員も足りなくなります。明らかにキャパオーバーとなれば、せっかく素晴らしい事業であっても財政上の課題から強制終了となる可能性も生じますので、そういう点からみても、新規事業の検討にあたっては既存事業の再点検が必要です。

（2）新規事業の要求の際は周りを確認しよう

　そのとき大事な視点は、新規事業が必要と感じた背景です。例えば、福祉政策のように限定された対象者に対する新たな支援メニューの導入ということであれば、純粋な新規需要といえ、単純に見直せるものは少ないかもしれません。しかし、社会的背景から発生した行政需要の変化による新規事業を実施する場合は、過去において、同様に、社会的背景から立案した事業（他分野でも可）との優先性について、比較することが大事です。例えば、国の法令に基づき整備した施設や事業であっても、国が法令に時限措置を設け、既にその法令が廃止になっている場合も多数あります。その法令は、国において法令を定めてまで対応する必要がなくなったと評価

され廃止に至ったものなので、当該分野の施策の中で優先順位が下がった手法といえます。そのような事業がもしあれば、自治体で予算化する必要があるかどうか、今一度、振り返ることが必要だと思います。また、対象者が同じ（例：未就学者、高齢者など）場合、行政需要の変化から重点化すべき事業が変化しています。その課題解決にとって予算確保が必要なのであれば、当該分野での課題解決に有効な事業の中で財源確保の視点で優先順位を整理していくことが大事です。こうして順位付けし、新規事業の実施にあたり下位のものについて予算化を見直す判断が必要です。

（3）順位付けは時代の風を感じる作業

　順位付けする際、多くの方は「対象者がまったく同じ事業なんてないから比較できるわけがない」と思われると思います。確かに、利害関係者がまったく重なっていれば、単純に事業を見直せばいいだけなので、それ以外に単純比較ができる事業はないと思います。ただ、考えてみてください。そもそも行政の行う事業には、世の中にあふれる課題の中で、行政課題として対応すべきものだけが計上されており、その事業の実施に至った背景は、新規予算計上が認められた時期にその重要性が認められたからなのです。しかし、年月は経過します。昭和と令和の行政課題は異なります。極端なことをいえば、例え、新規事業と似たような分野でなくても、社会的背景や対象者等から事業の優劣は比較できます。このような見直し作業には、当地に吹く時代の風を読む感性を研ぎ澄ますことが大事です。担当者ができなければ係長が、係長ができなければ課長が、よりマクロの視点で優先事項を整理すべきです。見直す既存事業が新規事業と同一分野であれば、スクラップ＆ビルド事業として、時代に合った前向きな改善として原課にとっても説明しやすいものとなります。（既存事業の評価については、ポイント4をご確認ください。）
私たちに求められていることは、自身の自治体で導入されていない耳障りのよい他自治体の先行事例を追い求めることではありません。目の前の市民の生活向上に繋がる事業を着実に進めて効果を上げていくことなのです。

6

説明資料は、担当課以外にも
わかりやすい情報となっているか

（1）その説明資料は誰のために？

　予算要求書に記載の要求事業や積算根拠などの背景を説明するために説明資料を作成されると思います。多くの説明資料は、事業目的、具体的な事業手段、積算根拠などを簡潔にまとめられています。特に、既存事業を見直したものや新規事業については、このような説明資料がないとまず理解ができません。多くの方は説明資料を作って当然という認識があると思います。

　ただ、説明資料を作る際、みなさんは何を意識して情報を整理されていますか？多くの方が、そのまま記者発表資料に使えそうな、立て付けのきれいな資料を作成されていると思います。新規事業の実施にあたり、客観性の高い視点での資料づくりは効率的であり、特に、時間のない首長査定において、その論点が明確に示すことができる資料は大事ですので、それは正しい作業内容だと思います。

　この際大事なのが、新規事業の実現に向け、私たちには課題解決したい分野とその目標の明確化、その手段としての要求内容への評価が求められているということを認識することです。資料によっては、対外的な説明さえできればいいよね、という軽い感じで、薄っぺらい背景しか整理されてないケースも見受けられます。事業の有用性を外部に対し客観的に説明できることももちろん大事ですが、こういう資料は最悪です。なぜなら、そういう資料には、上から言われて原課の思いがかけらもない要求か、自分への同情を誘う独りよがりな要求などが多いからです。こういうものは税金の無駄遣い以外の何物でもなく、財政課との信頼関係に亀裂が入る要因となります。他の大事な要求の評価にも響きますので、このような事案は

要求自体を取りやめることをお勧めします。

（2）EBPMって大事

　資料作りのとき、意識してほしいのは、EBPM（Evidence-Based Policy Making。証拠に基づく政策立案）です。要求事業の背景について、法令等の制度や統計等の事実を明示し、その課題解決に向け、当該事業手法を選択した背景がよくわかるようにすることです。EBPM に基づく事業は、その目標も明示しやすく、事業評価もしやすくなります。この作業は、面倒くさいですが専門的な知識はなくても大丈夫です。事実を素直に感じ、正確にとらえることと過去の慣習にとらわれないことを意識してください。

（3）本音の話も大事

　また、要求資料には一切触れられておらず、要求の背景について本音を口頭でのみ説明される場合も、少し困ります。素直に話していただくことはたいへんありがたく、そういう話を財政課が嫌がることはあってはいけないことです。同じ職員同士、その最善策の選択にあたっては原課との共同作業で効果的な予算化に努めるべきなのですが、正直、その手の話は長く、査定作業に影響しますので、一度、資料として整理いただくほうが助かります。資料として整理いただくと原課のほうでも課題が顕在化しやすくなり、対処方法を客観的に判断できる近道にも繋がりますので原課にとっても悪い話ではないと思います。

　仮に、この手の話をひた隠しにし、最後に財政課にばれたとしたら最悪です。財政課は当該要求以外の当該課のすべての要求内容（もしくは、当該説明者）を今後一切信じなくなります。財政課は、悪く言えば、マイナス査定をしたがる課です。どうせ有効な予算の使われ方をしない課なのなら、他の要求も同様なのだろうと判断し、予算化ラインギリギリの案件は、間違いなくゼロ査定で返すと思います。その要求課は有効な予算の使い方ができない課として極めて合理的に判断した結果です。

説明資料の見込み値は、丁寧に推計されているか

（1）EBPM のためのデータだけが数値資料でない

　ポイント6で、EBPM について、少しふれました。EBPM はデータ解析による政策立案が多く、どうしても数値が求められがちにはなります。（私は、EBPM による政策立案は、数値よりも事実の論拠を優先してもいいと思っています。）ただ、そこまで高度な話をするまでもなく、例えば、扶助費など、これまでの実績に基づき、要求するものは多数あると思います。

（2）推計方法は財政課と共有しましょう

　その際、これまでの実績をどうとらえるか、が大事です。例えば、要求時直近3か月で急激に変化があったものは、それは、制度変更や社会情勢の変化等に基づくものなのか、季節要因によるものなのか、により、その傾向への評価は変わるからです。原課としては、予算不足を防ぐため、できるだけ上積みできる計算方法を模索し、積算されることもあろうかと思いますが、その考え方も、できれば、財政課の部局担当者と共有されたほうがいいと思います。

　このような制度に基づく要求は、原課と同様、財政課でも要求見積もりに過不足はないかとても気になりますが、それは、新年度予算編成作業は、当初予算だけでなく補正予算も含め通年に必要な一般財源の配分を検討する作業だからです。見込みとずれた予算不足により今後の補正予算編成において新たな火種が発生することは財政課も避けたいことであり、この点において、原課と財政課は利害が一致するのです。

　他にも、その事業に過不足が生じた場合、補正予算計上がなじむものな

のかも気になるところです。これは、各自治体の文化によるところなので一概には言えないと思いますが、補正予算計上がなじまない（要求しづらい）事業については、ある程度、当初予算で計上しておく必要があるため、不足額が生じないよう十分に配慮が必要です。ただし、このように予算計上が過多となった事業についても、その積算根拠に関する説明は必要ですから、その考え方について、原課と財政課の共有は大事です。

（3）新規要求の際の根拠は

　一方、過去に実績のない新規要求は、どのように論拠を示せばいいのでしょうか。基本は、既存事業同様、目標達成に必要な経費を算出することなのですが、既存要求以上に丁寧な解析が必要です。なぜなら、財政課は、その論拠を共有できる現場の知識を持っていないからです。その制度の必要性を理解することから始まりますから、原課にとって突拍子もない質問が多くでてくることでしょう。その際、原課で大事なのは、課題解決に対する目標と手段の単純化です。あるべき姿をイメージし、その解決策を示す際、「こうなりたいから、こうする」と、単純に説明できるようにすることで、論点が明確になります。そうすることで、財政課からの突拍子もない質問も減り、また、新規事業の必要性も説明もしやすくなると思います。

　財政課は、一般財源の新たな発生要因となる新規事業は嫌う傾向にありますので、自身の要求の根拠を丁寧に詰め、財政課の納得を得るよう努めていくことは大事です。仮に、その説明資料をもってしてもゼロ査定となった場合、その論拠に自信があれば、それこそ、堂々と「財政課に切られた」といえると思いますし、それが首長査定に上がった場合、内容がしっかりしていれば、首長の同意が得られ、予算化される可能性が高くなると思います。

歳入を探しているか

（1）一般財源は、最も獲得しにくい財源

　予算要求をする際、必要な予算を見積り、その必要額を算定されますが、多くの原課では、歳入のことは気にせず、「見積や積算が終われば、要求作業はほぼ終了」という感じではないでしょうか。歳入がないということは、その事業費はすべて一般財源ということになりますから、予算獲得において一番競争相手が多い財源となります。

（2）歳入を探す癖をつけよう

　例えば、事業費100万円の事業が2つあったとして、A事業に必要な一般財源は100万円、B事業に必要な一般財源が50万円としたら、どちらの事業の予算査定が通りやすいと思いますか？事業の質にもよりますが、基本的には、50万円のB事業の方ですよね。予算獲得に向け、競争相手の多い一般財源が必要であれば、その壁を低くして臨むほうが予算が通る可能性は高くなると思います。

　ですので、新規事業を実現したい場合はもちろんのこと、シーリング対策として、既存事業も含めて歳入を探しにいく癖をつけましょう。

（3）まずは、国や都道府県等の補助金を探そう

　「歳入を探そう」となると、まず最初に思いつくのが国や都道府県等からの補助金です。多くの原課は、比較的情報が入手しやすい自身と関係する省庁等の補助制度が中心になるかと思いますので、使ったことがないのであれば、まずはそこから探すことから始めてみましょう。補助金を探すときは、自分たちが自ら調べる努力を優先すべきと思いますが、都道府県の担当者や財政課の担当者に直接聞くことも大事だと思います。なぜなら、

原課にいるとわからない情報を持っている可能性もあるからです。

　慣れてきたら、自身と直接は関係ない省庁等の補助制度も探してみましょう。実証事業のような性質への支援メニューには、全額補助対象となる制度もあります。

（4）歳入は生み出すもの

　一生懸命補助制度を探したけど見つからなかった場合でも、まだ、あきらめてはいけません。

　例えば、施設利用料は適正な価格設定なのか、イベント参加者に対し参加料を取ることができないのか等、受益者負担の観点から考える必要があると思います。また、広告料収入や企業版ふるさと納税等の活用ができないか、官民連携事業として収益性を高く見込める事業分は民間企業負担に振り替えて実施することができない等、事業の協力者を求めていく方法もあります。

　あまり変わったことができないというものであれば、例えば、施設への自動販売機の設置や行政財産目的外使用が可能なスペースの確保等、ネーミングライツほど手間がかからず、かつ、日ごろの対応が不要なやり方もあります。

　このように、歳入は、補助金のような決められた制度から探すだけではなく、自らの手で獲得していくことも可能です。

9

これまでの首長ら幹部からの指摘や
財政課からの宿題や約束を踏まえた
要求となっているか

（1）首長査定で取り巻く多くの宿題

　予算査定作業時において、手が止まる大きな要因の一つが、「宿題への対応がなされていない」というものです。宿題については、「A分野で新規事業を要求しろ」というものに始まり、「B事業の実施方法を見直せ」や「C事業の廃止に向けた準備を始めろ」「前年度に指摘した点の改善内容を示せ」など、様々なものがあります。財政課から宿題を課したものについては、財政課長査定時に確認作業が入り、その対応状況により、首長査定までの一定の間に原課に新たな対応を求めることができるのですが、首長査定時に首長から指摘を受けた時は最悪です。その指摘事項によっては、時には、財政課が把握していないものもあり、その際、財政課は何も言い返せないことから、ただ流されるままにゼロ査定の山が積みあがることになります。

（2）トップリーダーである首長の政策決定に齟齬を生じさせない準備が必要

　宿題返しがされないと、どのようなことがおきるのでしょうか。一番の問題は、宿題返しへの対応にムラがあるとこれまでの施策や事業との齟齬が生じる可能性が高いことです。それは、原課の担当分野によるものだけでなく、利害関係者を同じくした他分野の施策や事業にも及ぶ可能性があります。自治体のすべての政策決定は、首長の判断によるものです。その政策や実現手段としての事業に齟齬が生じることは、首長にとっては大変

な問題です。職員は、適切な自治体運営に向け、そこは謙虚に対応すべきと思います。

（3）首長査定時に財政課は原課にとって最後の砦

　宿題返しの作業を進めるにあたり、その質により対応に要する労力は異なりますが、いずれにせよ、対応の不備は、財政課と原課との信頼関係に影響しますので改めていただくことが大事です。財政課は、首長査定までに原課に対し様々な指摘を行っていると思いますが、それは、いかなる理由があろうと財政課長がその予算を認めた判断基準を明確に首長に示すための根拠を求めているものであり、予算を切ろうと思って指摘しているのではありません。原課が首長査定の場にいない形で査定が行われている場合は、原課にとって財政課が最後の砦になります。予算査定という政策決定における大事な場面での財政課の言動が、首長ら幹部らの各部局に対する評価に直結してしまうことから、財政課と原課双方の信頼関係は必要です。財政課が偉いからではなく、原課の信頼確保の観点からも誠意を持った対応として宿題返しをすることが必要です。

（4）宿題返しは、言われた通りに書けばいいってもんじゃない

　なお、宿題返しの際、首長らから具体例を示される場合も多いと思います。私は、その具体例について、素直にそのまま反映することは必ずしも適切とは考えていません。その具体例の実施により、これまでの事業と齟齬が起きるような場合や、よりよい手法が提示できる場合は、その具体例に固執する必要はないと思うからです。私たちが目指すべきは、「最少費用での最大効果の発揮」です。現場のことを一番理解しているのは原課です。言われた具体例は真摯に受け止めるべきだとは思いますが、それ以外の良策が提示できるのであれば、提示された具体例との違いを明示し、堂々と自身の意見を提案することが大事です。

10

財政課の担当者としっかりと
意思疎通が図られているか

（1）財政課の部局担当職員は敵？味方？

　一定規模以上の自治体であれば、財政課長や財政担当係長以外に、各部局の予算を担当する職員が財政課に在籍していると思います。否が応でも、原課で予算に関する困りごとがでてきたら、必ずその担当を通じて財政課への相談をされていると思いますが、この際、原課にとって財政課は「敵」とまでいえなくても「味方ではない」という意識から安全弁が働き、部局担当職員に相談内容で嘘を伝えたり、また、必要最小限の情報しか渡そうとしなかったりすることもあると思います。

　でも、部局担当職員は、本当に「敵」なんでしょうか。

（2）部局担当職員は、財政課に現場感覚を伝える通訳

　この意識の違いは、財政課と原課の役割の違いにあります。

　ポイント1でも述べたように原課は、担当課として目の前の事象の解決に取り組むミクロ政策の実現課ですが、財政課は、市の予算全般を管理する観点から、予算の使われ方の全体最適を考えるマクロ政策の実現課です。その違いから、財政課と原課との判断基準にギャップが生じることがありますが、その発生要因は、財政課側だけではなく、原課の意識によることもあります。「自分の部屋のこの問題だけが特別」なのではなく、同様の事象が他部局でも発生した場合の対処方法がまったく異なる場合もよくあります。そのことを原課に理解してもらうことも財政課の大事な作業であり、部局担当職員は、そのギャップを埋めるための通訳となります。

（3）財政課と原課のミッションの違いを認識することが大事

　通訳作業はどうして必要なのでしょうか。財政課は、「市民生活向上のため、無駄遣いを防止し、最良の財源配分を行う」ことがミッションです。その目標達成水準は、担当分野の課題解決が求められる原課のミッションと同様です。つまり、財政課は、職務命令として自分たちに課せられたミッションを素直に遂行しているだけなので、厳しいことを言っているのではなく、正しいことを言っているだけ、という認識です。しかし、財布を握り、優位に立っている財政課がその立場を主張するだけでは対立が生じます。その対立を解消して共同作業としないと「最良の財源配分」は実現しません。その手段として、部局担当職員が率先して話を聞く姿勢を示すことが大事なのです。

（4）「情けは人の為ならず」

　では、原課は、財政課の態度の変化を待つだけでいいのでしょうか。人事異動でたまたま生まれた財政課と原課との精神的な地位の優劣は、次の人事異動で瓦解します。それは、原課においても同様です。最善の業務成果は、良好な人間関係のもとに成り立つことを多くの方は理解されていると思います。「情けは人の為ならず」です。困ったときの相談だけではなく、日頃の財政課からの面倒くさい照会や宿題に丁寧にご対応いただくことで、財政課側も、より親身に原課の立場に立つと思います。そこで生まれた交流から双方の本音の会話が進むと、建前と本音との違いを区別しながら、お互いの立場を尊重した最良となる手法を構築できるようになります。人間関係の構築は片思いではできません。相思相愛とまではいわないまでも、相手の立場を理解した仕事の進め方が、最良の財源配分を生むのです。

未来を見越した要求となっているか

（1）その要求に明るい未来が見えますか

　数多ある要求事業は、市民生活が今まで以上に向上するための施策を実現するための構成要素の一つとなっています。つまり、事業の一つ一つを見た際、その事業を一年間実施した場合、どの課題解決にどのように有効になっているかを理解しないといけません。

　例えば、公民館の管理運営費について考えてみましょう。一施設あたり500万円計上していたとして、500万円でその施設がどのような効果を発揮しているのかを定量的、定性的に評価してみてください。自治会の活動拠点となっており、その活動により、行政の運営経費や医療費等の軽減等に繋がっていれば、それが施設の設置効果の要素となると思います。一方、複数の公民館で施設の優劣があるとすれば、過大整備にあたる施設については、冷静に無駄遣いと評価すべきです。

　公民館活動予算でよく話題が上がるのは、生涯学習活動としての高齢者学級と高齢者を対象とした健康づくり事業など、予算計上している部局は異なりますが、対象者や実施施設を同じくし、目標や活動内容もほぼ同じであるものの、事業の発意の背景が異なることから、それぞれが積算基準をもって実施している事業の見直しです。個人的には、会場が同じで対象者も同質の事業であれば、予算規模は変えずとも、職員の効率的な業務の遂行に向け、事業は統合すべきと考えます。しかし、こういう事業は、各施設単位でも運営団体が異なっており、それぞれの団体の長のポストの問題等もあり、地域を巻き込む大変な見直しになるため、なかなか見直しが進みません。また、自治体単位でこのような見直しをしようとしても、法令等の制約から、活動団体もそれぞれに設けなければならない場合もあることも事業費統合に影響を与えています。

しかし、少子高齢化社会において、定年延長の導入や自治会活動への理解不足等により、人口減少地域はもとより、そうでない地域においても自治会役員のなり手不足が叫ばれています。地域課題に向き合う自治体職員は、こういう活動費について有効な手立てを考えなければいけません。

（2）「永遠」なんてものは存在しない

　これまで、既存予算の見直しについて幾度と記載しました。ここで、私の経験を1つ述べたいと思います。私の入庁時は、まだ、バブルの余波がある時期で、商店街担当に配属されました。商店街の共同施設として整備された街路灯に対する電気料への支援について議会質問があったとき、当時は「経済活動である商店街の販促手段の一つとして整備された街路灯の電気料を支援することは難しい」という答弁でした。しかし、バブル崩壊を経て10年後に再び担当として戻った時には「商店街の街路灯は公的インフラ」として電気料の一部に支援をしていました。

　事業者との契約についてもそうです。民間事業者への業務発注は、ほとんどが単純な競争入札か随意契約かの2択でしたが、最近では、サウンディング調査と称した公開型のニーズ調査や官民連携やプロポーザル入札による施設整備やソフト事業の実施など、行政課題解決に向け、次々と新しい事業手法が導入されています。

　また、人材についてもそうです。以前は、大学生が田舎に戻った時の主要就職先として人材確保に困りませんでしたが、今では、欠員割れも常態化している自治体、職種も散見され、自治体の求人活動や採用方法も多種多様となっています。

　このように、私たちのやるべきことは、時々刻々と変化をしています。「行政の普遍性」について語られることもありますが、個々の事業について普遍的なものはありません。「例年通り」の要求が如何に現実を評価していないか、これらの事例からも明らかだとご理解いただけると思います。私たちは、明るい市民生活の実現に向け、過去の実例について、その背景や結果について確認し、知識を得ることは大事ですが、常に将来を見据え、常に予算を再点検し、今取り得るべきベストの予算編成に誠実に挑まれることが求められています。

COLUMN · 1

時間を稼ぐ

　同じ「稼ぐ」でも、生計を立てるために働いてお金を稼ぐのは「いいこと」なのに、時間を稼ぐのは「悪いこと」のように思われています。彼女に好きなものをプレゼントして、点数を稼ぐのはいい？悪い？どっち？

　「禾（のぎへん）」に「家」と書いて「稼ぐ」。「禾」は、穂を実らせた稲など穀物のことですから、そもそも「稼ぐ」とは、刈り取った稲を家に搬入すること。つまり、お金を得ることが目的ではなく、「仕事に励む」という意味でした。

「稼」の訓読み「かせ」は、紡いだ糸を巻き取るときに使う「かせ（桛）」だという説がありますが、どうやら「桛」の休みなく動く（働く）ことに由来しているようです。

　日本では、米が物々交換の仲立ちをしていましたので、やがて、「稼ぐ」に「働く」だけでなく「収入（お金）を得る」という意味が加わり、自分にとって都合のいいものを「獲得する」ところから、お金だけではなく、時間や点数まで「稼ぐ」ようになったと考えられます。

　「時間稼ぎ」は自分の状態が整うまで相手を待たせることですから、相手の時間を盗む、いわば「時間泥棒」です。まっとうに働いてお金を稼ぐのと一緒にしてほしくないですよね〜

　まっとうに働いて稼ぐと課せられるのが「税」です。

「禾（のぎへん）」に「兑」と書いて「税」。「兑」の旧字「兌」は、「八」、「口」、「人」に分解でき、人が衣服を脱いでいる様子を現し、転じて「抜き去る」「抜ける」という意味があります。人が大口を開けて笑っているようにも見えます。

　つまり、「税」という文字は、収穫した稲から年貢を抜き取って喜んでいる官吏の姿を巧みに表現しているのです。

「税」の訓読みは「みつぎ」ですから、本来、自由意思で納めるものです。しかし、住民の皆さんの心のどこかに「抜き取られている」という感覚があるとしたら、それは昔の官吏から現在の公務員に至るまで、抜き取った税の使途を明示してこなかったからに違いありません。

第2章

予算を通したい／
通してあげたい

安住秀子

レガシー事業をイノベーション

（1）昭和時代から続く裁量事業に着目

　人口増にともない、税収も増え続けていた時代には、自治体の裁量により、住民生活の充実や地域経済の活性化などを目的とした単独事業が展開されていたように思います。

　地方交付税算定のうえでも、地方税収の75％が基準財政収入額に算入され、残りの25％は留保財源として取り扱い、自治体独自の取組に財源を活用することは制度上見込まれています。ですから、単独事業を行うこと自体は、住民にとっても、また魅力あるまちづくりのためにも必要です。

　しかし、税収が増え続ける財政運営の中で、様々な単独事業により行政サービスの充実が可能だったことも、例えば、個人住民税が主たる歳入であるような自治体では、人口減少に伴い税収減となることも見込まれますので、単独事業の見直しも念頭に置く必要があります。

　その際に、より確認が必要なのは昭和時代から続く裁量事業です。ここで言う裁量事業とは、法令に基づき実施する単独事業で交付税措置といった財源措置が見込まれない、条例や規則、あるいは要綱が実施根拠である自治体独自の事業を指しています。

　効果が見込まれているから、事業開始から何十年も継続しているとの見方もできますが、事業開始時と現在では状況は大きく変化しています。したがって、予算要求や事業執行後などのタイミングで定期的に、

　　・当該事業に対するニーズは高いままか（ニーズ把握）
　　・民間でのサービスも含め、他に代替できるサービスはないか。他自治
　　　体のサービス水準と比較して著しく超過していないか（妥当性）
　　・事業目的を達成できているか。達成につながっているか（事業実績）
　　・事業（運営）主体や手法の見直し・改善や、事業に充てる新たな財源

確保の可能性はないか（経済性・効率性）

・受益者から適切に負担してもらっているか（負担の公平性）

といった点を確認し、その結果を基に、今後の事業計画に反映していくとよいでしょう。

　自治体側が住民ニーズを的確に捉えて、障害者施策など単独事業として先行して実施してきた行政サービスを、国の制度として実施するようになったものがあります。また、介護予防や放課後児童健全育成などのように民間企業がビジネスとして参入し、行政が対応しなくても、民間企業によるサービス提供が期待できる分野もあります。

　自治体主導で解決が求められる社会課題、地域課題に適切に対応していくために、昭和時代から続く裁量事業を一旦棚卸しし、ビルド＆スクラップで新陳代謝を図ることは、持続可能な自治体運営を進めるうえで必要な取組と言えます。

（２）2040年自治体職員半減を前提に、事業のイノベーション

　自治体戦略2040構想研究会から、生産年齢人口の大幅減少に伴う自治体職員の採用難などを見据えて、「半分の職員数でも担うべき機能が発揮される自治体」を目指すべきとの報告は自治体関係者に大きな衝撃を与えるものでした。

　生産年齢人口が減少すれば、自治体職員のみならず、公益事業に携わる関係者も減少していくと言えます。こうした中で、必要な行政サービスを提供していくためには、これまでの延長線上の考えでは太刀打ちできません。

　優先度が低いと考える行政サービスから順次見直していくのか、それとも、職員が半減しても対応できる手法へと転換していくかなど、20年後を見据えて、イノベーターが用いている５つのヒナ型である、「引き算」「分割」「掛け算」「一石二鳥」「関数」[1] も参考に、考えられる事業の方向性を検討しておくことは無駄なことではありません。

これからはアジャイル型要求

（1）変える勇気が必要

　状況が変わっても、なかなか方針変更できない場合があります。これまでにかけた予算、人員等の投資をしているので、ムダになってしまうとの懸念からです。しかし、そのまま事業を続けていれば、トータルコストでみたときに最終的に大変な損失を将来の住民に転嫁することになりかねません。

　これだけ先が見えない中で、何かはじめようと思ったら、もちろん失敗しないように、エビデンスに基づいて事業立案するということは当然ですが、それでも100％大丈夫との保証があるわけではありません。「行政は失敗してはいけない（無謬性神話）」との考えから脱却し、然るべきタイミングで方向転換する、時には引き返すといった勇気ある行動が必要です。

　図表2-1は、第27回政策評価審議会（令和4年3月7日開催）での資料から抜粋したものです。

　左のA図では目的地Gを目指す一艘の船があります。この海域では、右から左への潮流があり、船は次第に左に流されてしまいます。しかし、自分たちの進路は正しいと信じて、このまま進んでいくと、目的地からかなり離れたところに到着することになります。

　一方右図のように、出航してから一定時間経過後に、船の現在位置と目的地とのズレを測定し、進むべき方向を定めて舵を切るとの行動を繰り返すことで、予定していた時間通りに目的地に到着することができます。

　「①予算・事業立案」－「②執行・実施」－「③決算・評価」－「④次年度以降の予算・事業改善（立案）」のPDCAサイクルを、どの自治体でも意識していることでしょう。形式的なものと捉えずに、組織的に機能させているかがポイントとなります。

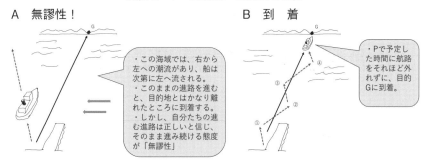

図表 2 - 1　目的地への到着の仕方

A　無謬性！

・この海域では、右から左への潮流があり、船は次第に左へ流される。
・このままの進路を進むと、目的地とはかなり離れたところに到着する。
・しかし、自分たちの進む進路は正しいと信じ、そのまま進み続ける態度が「無謬性」

B　到　着

・Pで予定した時間に航路をそれほど外れずに、目的Gに到着。

出典：第27回政策評価審議会（令和4年3月7日開催、総務省）資料から引用し、加工

（2）予算実施は立案から1年後

　PDCA サイクルは変化の激しい今の時代では、うまく回せないのではないかとの声も聞きます。事業によっては、1年サイクルではなく、月単位、四半期単位でサイクルを回していくということも考えられます。

　予算案の議決は款項目中、款項までです。そういった意味では、予算執行の段階で社会経済情勢が変化し、計画どおりの執行ができないことが見込まれた場合でも、柔軟に対応できる余地は予算制度の中でも組み込まれていると言えます。

　とはいえ、予算案としてまとめる前の財政課審査の段階で事業の取組内容はある程度組み立てができているでしょうし、予算議会でも取組内容について細かく確認が入ることもありますので、説明してきたことを変えてしまって大丈夫かと心配になるかもしれません。大きく状況が変化したのであれば、当初予算での考えを一旦リセットして、改めて補正予算対応とすることもできます。

　年度当初から検討していたことを予算要求し、予算査定を経て予算案としてまとめられて、その予算案が議決され、執行にたどり着くまでには1年かかります。事業計画の段階から、執行時に起こりうる状況パターンを想定し、予算の範疇で対応できる複数案を検討しておけば、予算外執行だからと財政課に合議せずとも、その時の状況にあった内容で事業遂行することが可能となります。

14

公民連携、庁内連携のススメ

（1）庁外に味方をつくる

　民間事業者と話をすると、地域貢献したい、自治体と連携したいとのお声をいただくことがしばしばあります。事業者サイドにも、顧客開拓につながる、商品・サービス開発の実証実験ができるといったメリットがあるようです。

　公共の領域だから、必ず行政が対応しなければいけないということではありません。人口減少にともない、地方公務員のなり手も不足することが見込まれています。住民が減れば、その分、行政需要も一部では減っていくと考えられますが、住民生活に不可欠な社会保障サービスの充実や、各種インフラ施設の保全更新などは、引き続きの行政需要が見込まれます。

　こうした行政需要をはじめ、社会課題、地域課題解決に向けて、限られた経営資源の中で対応していくためには、庁内の職員だけであれこれ考え、実践するのではなく、住民や事業者など庁外の方々とも連携し、一緒に自治体を運営していくとの意識で、行動することが不可欠です。

　公民連携窓口、サウンディング調査、デシディムなど事業者や住民に自治体運営に参加してもらう様々な仕組みが自治体に取り入れられています。このような仕組みを活用するほかにも、自治体が作る総合計画や分野別計画を、「自治体が税金を使ってやる計画」との狭い概念から脱却し、公民間の対話を通じて、公民連携で取り組むことや、民間部門だけで取り組むことも織り交ぜた計画へと転換していくことで、公民連携を重視した自治体運営との意思表示が可能となります。

　例えば、地球温暖化対策推進法に基づく、国や各自治体の地球温暖化対策計画では、産業部門、業務その他部門、家庭部門、運輸部門といった部門ごとに何に取り組むか、取り組んだ結果、どれだけ温室効果ガス排出量

を抑制していくのかを目標設定しています。総合計画や分野別計画でも、公共、民間部門のそれぞれで、または一緒に行うことを明確していくことで、庁外との共有と連携をより図りやすい組織に転換できると考えます。

（2）庁内連携への期待

　みなさんが担当されている事業について、解決すべき課題が生じた場合、これまでは課や係が中心になって、議論してきたと思います。実際に、課題の要因分析から解決策検討まで、複雑化し、また難易度も高くなり、さらにスピード感まで求められるとなると、一つの部署だけで対処することは果てしなく困難になってきています。

　そこで期待されるのが、庁内プロジェクト、庁内タスクフォースといった庁内連携の取組です。少し前の事例となりますが、三鷹市では基本計画策定のタイミングにあわせて、少子高齢化や人口減少が市の財政に与える影響の分析や、政策の方向性などを研究するために、庁内プロジェクトチーム「三鷹将来構想検討チーム」を設置しました。

　チームで、人口推計を踏まえた市財政への影響などの各種シミュレーションを行ったところ、税収減というリスクの可能性が見えてきました。そこで、市の財政基盤の強化・確立に向けた調査・分析として、住宅開発と企業誘致の税収効果のシミュレーションを行い、両者の比較検討から、どちらがより効果的であるかを導き出しました[2]。

　プロジェクトチームでの調査・分析の結果、○○市の取組がうまくいっているみたいだから、うちでもやってみようと、成功事例をお手本に取り組むことが解決策だと収束することがあるかもしれません。しかし、なぜ成功したのかをよくよく分析してからでも遅くはありません。成功した背景には、地域性だったり、担当している職員の思いの強さであったり、協力者の存在などプラスに働く要素があったかもしれません。調査・分析にあたっては、表出する情報だけではなく、成功・失敗の背景を深掘りしてみていくことも大切です。

財源確保は当たり前

（1）一般財源ありきでなく、財源確保の可能性を考える

　特定財源が見込めることは予算要求を通りやすくするポイントの一つです。事業所管課時代のことですが、新規事業を立ち上げるにあたり補助金を申請し財源確保しようと考えました。補助要綱を読み込み、補助対象に該当する事業内容であることが確認できましたので、早速申請することにしました。申請書には記載項目がそれなりにあるので、作成するのも一苦労です。

　心待ちにしていた結果は、残念ながら不採択。あれだけ苦労して申請したというのに、結果報告書には不採択であることと、その理由がほんの少し書かれているだけでした。

　特定財源を獲得する手間暇を考えると、全額一般財源充当の単独事業として財政課に予算要求する方が、一工程減るので楽であるように感じます。しかし、一般財源を無駄遣いしないという点で言えば、特定財源を活用することで、その分一般財源に余剰が生まれますので、その財源を他の事業に充て、行政サービス全体の水準を底上げすることができます。

　補助金対象外の事業でも、その他の財源確保の可能性が考えられます。ふるさと納税やクラウドファンディングなど寄附金、ソーシャル・インパクト・ボンド（SIB）などの民間資金の活用は、財源確保策として定着してきています。社会課題に強い関心をもつ民間企業の中には、「お金を出してでも、実証実験をやりたい」と考えるところもあり、公募プロポーザルとは逆の流れで、企業側からの募集に対し、自治体が提案するといった「逆プロポ」[3]のような動きも出てきています。

　これまで全額一般財源を充ててきた事業であっても、それを当然のこととして捉えるのではなく、次の予算要求までの間に、何か財源を獲得でき

ないか思いを巡らせてもらいたいと思います。交付税措置のある単独事業を除き、本当に何の財源も見込めない、最終段階の状態が、「全額一般財源を活用」するとの事業計画になります。

（2）無料化が効果的とは必ずしも言えない

　がん検診の受診率をアップさせようと考えたとき、例えば、受診するハードルに経済的負担があると想定し、検診料を無料にしてみようと思いつくかもしれません。

　ところが、実際に無料化してみても、自己負担のある自治体と比較して受診率が格段に良くなるといった効果が出ない場合があります。受診率向上につながる要因は、実態調査などからしっかり把握する必要があります。要因に沿って、受診が必要との思考になっていない対象者の意識を変えることがポイントであれば、ナッジを活用した受診勧奨を、忙しくて受診時間を確保できないことが受診控えの理由になっているのであれば、定期健診にがん検診を組み込むことや、買い物ついでに検診できるように検診会場を工夫するなど、とるべき対策は変わります。もちろん、検診料の負担が主要因であれば、無料化することで効果がみられるかもしれません。

　また、スポーツ施設や駐車場など民間施設と類似するサービス提供を行っている市民利用施設の運営で、公益性、事業目的などを踏まえ、利用料金を民間施設と比べ低額に設定する場合があります。この場合、特定の対象者や利用目的を限定せずに、民間施設の利用者とさほど変わりない設定であれば、利用者間での負担の公平性にも課題がありますし、民業圧迫とも捉えられかねません。受益者負担が適切であるかどうか、類似施設の料金設定なども確認しながら、定期的に検証するとの意識が必要です。

　自治体の中には、検証をルール化して、予算編成のタイミングで、一定期間改定を行っていない使用料や手数料について、国や他自治体、類似する民間施設との比較、原価との乖離幅などを確認し、料金改定を行うとの工夫をしているところがあります。

要求段階で効果検証のスベを考える

（1）事業目的を明確に設計・立案

　「GDX 行政府における理念と実践」（一般社団法人行政情報システム研究所、2021年）の中に、民間セクターと行政府の違いに関する記述があります。まとめると以下のようになります。

- ・ビジネスセクターでは、プロダクトやサービスの良し悪しや、デリバリー（顧客の元にプロダクトやサービスを届ける経路）戦略の妥当性といったことの評価は、「売上」や「利益」といった判断基準があるから、プロダクトやサービスをつくっておしまい、といったことにはまずならない。
- ・一方、行政府は営利組織ではないので、「売上」や「利益」といった概念がなく、「アウトプット中心」という考え方に帰着する。「サービスをつくること」がゴールになってしまう。「どう使われるか」「どう役に立つのか」「それはそもそもちゃんと必要な人の手元に行き渡るのか」といった視点が欠落してしまうことで、「アウトプット」が「成果」として評価される。

　各部署では日頃から、担当事業を行うことで、住民や地域にどのような状態になってもらいたいか、その目指すところを念頭に置きながら、事業計画を立て、必要な予算や人員配置などの要求を毎年度行っていると思います。予算要求書や事業計画書でも「何のために」実施したいのかということを記入しているはずです。ところが、目的どおりの状態となっているかどうかを検証することについて、果たしてどこまで意識して予算要求や事業計画を立てているでしょうか。アウトプットを成果とみなしてしまっていないでしょうか。例えば、イベントの開催です。何か月もかけて準備し、何事もなく無事に終了し、参加者も喜んでいたとあれば、やって良

かったとの達成感があります。でもちょっと待ってください。そのイベントを行おうと思ったのはなぜでしょうか。成果としてどんなことを見込んでいたのでしょうか。イベント開催により目指すこととして、参加住民が地域への愛着を一層深め、定住し続ける状態、住民主体の地域活動につながり、共助のまちづくりが推進できている状態、地域外からの流入・交流人口が増えて、地域が活性化している状態などが考えられます。すぐに効果が出ないもの、外部要因が複数あり、目的に直結しているか確認しづらいものもありますが、効果検証として取りうる方法を計画段階から決めておき、定期的にモニタリングすることも事業遂行の大事な一環です。

（2）既存の仕組みを利用する

　「新たに検証するとなると、その分コストがかかる。そんな事業費はこれまでつけてこなかったので、予算要求が必要だ。しかし、要求したところで、財政課が計上を認めてくれるわけがない」との声が聞こえてきそうです。

　検証のためには何らかの行動を起こす必要がありますが、新規の対応策を講じなくても、既存の仕組みをうまく活用することで、手間やコストを省力化することは可能です。

　自治体ホームページでアンケート機能を設定しているところが多くみられます。品質向上のために、「情報は役に立ったか」「見つけやすかったか」との設問設定や、もう少し踏み、内容理解度や、情報量や表現の適切性などの個別設問を設定し、簡単に回答できるようになっています。

　この方法を応用すれば、例えば、イベント開催であれば、来場者アンケートの実施、補助金交付の周知活動の効果検証であれば、補助金交付申請書に「この制度を知ったきっかけ」を質問項目として入れておき、分析できるようにする、相談対応の効果検証であれば、クロージングで、相談者の意向に沿っていたか、解決の方策がみつかったかなどの満足度を確認するなど、業務フローの中に検証に必要なデータ収集・分析を組み込んでしまうことで対応できそうです。また、住民意識調査・満足度調査や住民モニター制度などでの質問事項の工夫により対応することも可能です。

事業を増やさないことこそ
住民ファースト

（1）新規の取組立ち上げ時が改善のチャンス

　例えば、国の制度に沿って新しく取り組まなければならないことが生じた場合、一般的には、その取組に必要な人員、予算、施設の確保などを一から準備してしまいがちです。しかし、既存事業を転換したり、組み替えたり、整理することで、新しい取組への対応と既存事業の効率化を図ることが可能となる場合があります。具体的には、

① 　新規の取組はＡ事業で対応できる可能性あり　→　財源更正

② 　①にプラスして、Ａ事業はＢ事業やＣ事業と一部似たような内容を実施しており、整理できる可能性あり　→　３つの事業を再編・統合

③ 　①にプラスして、Ａ事業は行政が直接実施しているが、Ｄ協会など他団体が運営主体となり実施できる可能性あり　→　Ｄ協会への委託または補助金交付による事業実施に変更

といったパターンが考えられます。

　国の出産・子育て応援交付金の事業でみていきましょう。出産・子育て応援交付金は、出産・育児等の見通しを立てるための面談や継続的な情報発信等を行うことを通じて必要な支援につなぐ伴走型相談支援の充実と、妊娠及び出生届出時にあわせて経済的支援の実施を一体的に行う事業です。

　既に、出産・子育てに関する相談支援を行っているのであれば、この中での対応ということも考えられます。あるいは、自治体の窓口、子育て関係拠点や関係団体等で類似の相談支援が複数行われているようであれば、これを機に整理・統合や、役割分担の明確化を図ることもできるでしょう。

（2）選択肢が多いとかえって悩む

　「相談支援」「情報提供」「場の確保」「仕組みづくり」「イベント」など
の事業形態では、住民の利便性向上や、個々のニーズにきめ細かく対応で
きるように、複数の類似事業を走らせる傾向があるようにみえます。

　しかし、例えば、相談支援のような事業では、行政機関へ相談したいと
思う事柄ですから、正確な情報が知りたい、早く解決したい、どこに相談
すればいいかわからない、あるいは誰にも相談できない、といった切実な
ニーズであり、対応に配慮が必要な場合も多々あろうかと思います。相談
者にとっても、行政に聞けば回り道しないだろうとの認識で、勇気を振り
絞って相談したにもかかわらず、思うような結果が得られなかったとすれ
ば、大きな失望を感じ、自治体全体へのイメージダウンにもつながります。
複数の類似事業が存在している場合には、住民側に立ってみたときに、希
望するサービスを迷わず、適切に利用できるようになっているか、利用状
況に偏りがないかなど常に確認し、住民ファーストでないなと気づいたこ
とがあれば、思い切って見直すべきです。

（3）二兎を追う者は一兎をも得ず

　施設サービス事業の中には、本来業務とは別に、公益上の観点から、副
次的なサービスを提供したり、または、みなさんから所管する市民利用施
設の運営主体に対し、サービス実施を求める場合があるかもしれません。

　例えば、本来の施設利用対象ではない住民への施設開放、イベント開催
など、稼働率アップといった施設の安定運営には直結しないものの、近隣
住民向けにサービス提供することで、地域貢献の促進を図るような取組で
す。この場合、サービス提供に必要な予算自体はそれほど多くかからない
としても、施設職員の負担は一定程度増えることに注意が必要です。

　良かれと思って始めたことでも、結果的に、本来業務に集中できなく
なってしまうことで、サービスの質、安全な施設運営といった点に悪影響
がでてしまっては本末転倒です。予算のあまりかからない副次的なサービ
スであっても、実施目的を明確に設定し、事業効果の検証を行うことが前
提です。検証の結果、プラスの影響があまり認められないのであれば、本
業に集中することで住民サービスの維持・向上を図る方が得策と言えます。

18

「補正予算はつきやすい」のワナ

（1）当初でも補正でも効果検証は必須

　新型コロナウイルス感染症対応地方創生臨時交付金（令和3年度分）の効果検証に係る報告書が令和5年6月に内閣府から出されました。国の補正予算にあわせて、地方単独事業分等の財源を活用し、地域の実情に応じて、迅速に、そして、きめ細かく地域経済や住民生活への支援や地方創生に向けた取組を、多くの自治体で対応してきたことでしょう。

　本交付金は、自治体の自由度の比較的高いものであったため、自治体内の予算審査も臨時交付金関連であれば、通りやすかったのではないかと推測されます。しかしながら、本報告書の有識者からの意見・評価には、われわれ自治体職員が強く認識しておくべき以下の記載がありました。

　「中長期的な地域活性化の効果を見込んだ対策については、原則として、平時の事業スキームを踏まえ、自治体に適切な財政負担を求め、可能な事業に関しては、その振興策の経済波及効果や費用対効果、後年度の維持管理等についても、評価するべきである。」

　事業実施がゴールではありません。期待した効果が出たか検証し、その結果を今後の施策・事業展開に反映し、その繰り返しにより、期待する状態としていくことがゴールです。

　また、地域活性化に関する事業は、一定期間継続しないと、その効果が十分表れてこないものもあります。目先の財源を確保できたからと安心するのではなく、将来的な財源についても考えておきましょう。そして、短期的、中期的、最終的な効果をどう見込み、その検証はいつ、どのようにやるのか、意識して事業立案することが大切です。せっかく効果が期待できそうなのに、「金の切れ目が縁の切れ目」となってしまっては元も子もありません。

（2）補正財源は限られている

　年度中に予算が足りなくなって、執行できなくなることを回避するために、何が何でも当初予算で必要額を確保しようと躍起になってしまっていないでしょうか。あるいは、社会情勢の変化により、当初予算で見込んでいたよりも、事業の対象者数や実施件数が増えてしまい、慌ててしまったということもあるかもしれません。

　このような場合、当初予算に固執せず、状況変化にあわせて補正予算で対応することも可能です。財政課では、年度中の変化に対処するために、当初予算時に見込まれる歳入の一部について、当初予算で計上せずに、補正財源として留保しています。

　ただし、留保財源はそれほど潤沢に用意してあるわけではないので、例えば、国の経済対策補正対応などがあると、そのウラ負担用としての活用が優先されるため、他の補正予算要求にまで財源が回らないことも考えられます。定期的に執行状況を確認し、補正要求の可能性が考えられるのであれば、早めに財政課に相談しておくことです。

（3）執行は時間との勝負

　当初予算と異なり、補正予算は要求から審査までの期間が短いため、事業計画の詳細は予算が付いてから後追いで整理する傾向にあるように思います。ところが、例えば、業務を外部に委託して行うにしても、仕様書を作り、委託内容を周知し、入札し、契約を交わすといった手続きを踏んでいると、あっという間に時間が経ってしまいます。

　補正予算対象の事業では、当初予算の段階では見込めなかった社会経済情勢の変動や、災害、感染症等緊急対策への対応など、速やかな執行が求められます。したがって、当初予算以上に計画性をもって対処することが必要となります。スピード感が求められているにも関わらず、翌年度に繰り越しせざるをえないとの状態になった際には、その要因が議会等から問われることになりますので、十分注意してください。

世の中の動きに敏感であれ

（1）エビデンス・ベースで説得力を高める

　政策課題の解決策の一つとして、既存事業の検証から具体的な取組の方向性を整理し、政策効果向上へとつなげていくといった、データを活用したエビデンス・ベースの政策立案や見直しがあります。

　福井県の人口減少対策をみてみましょう。福井県では、人口減少問題に対し、より効果的な施策を実行するため、データ分析・調査から必要な対策を導き出しています。

　データ分析・調査は、人口減少要因を自然減、社会減に分けて行っています。「ふくい創生・人口減少対策戦略」に掲げる目標達成のために、例えば、自然減の分析・調査では、既存の自然減対策の各取組の認知度、満足度、活用度と、実際子ども数や希望子ども数との関連性などを確認しています。

　そして、データ分析により、婚姻年齢が引き下がると希望出生数が増えるとの関連性から、結婚応援や若い夫婦に対する支援の拡充を、また、既存の子育て支援策の認知度が上がると希望出生数が増えるとの関連性から、子育て支援を強化するとの対応策をとっています。また、各自然減対策の有効性を評価したうえで、合計特殊出生率との関係が有意な対策を中心に、さらなる改善を図ることにしています。

　このようにエビデンス・ベースでの政策立案や見直しは、データにより状況が可視化されますので、説得力が高まり、予算確保や住民理解が得られやすくなります。また、集約時点のデータを起点に、実施後の定期的なモニタリングを通じて、分析通りの結果が表れているか実施中の効果も可視化できるので、効果的な取組への重点化、期待した効果の見られない取組の軌道修正などもタイムリーに行えます。

（2）行政事業レビューで進む「見える化」

　オープンガバメント（住民が行政に参加しやすくなるシステムの構築）は住民から期待される取組の一つです。予算編成過程の見える化は様々な自治体で実施していますが、編成後に公表するのではなく、編成段階から審査状況を公表し、自治体運営に対する信頼性や透明性を高める工夫をする自治体もあります。

　大阪府や大阪市では、予算編成過程の公表のほか、誰がいつどのように施策の意思決定を行ったかを公表する「施策プロセスの見える化」、議会の議決を経て確定した予算がどのように執行されたのかを公表する「公金支出情報の公表」、公表した内容に対する府民からの声を一元管理し、その対応状況を公表する「府民の声の見える化」の4つの見える化により、オープン府庁・オープン市役所の取組を進めています。

　兵庫県川西市では、総合計画、総合戦略などの進捗状況を住民にお知らせする「事業実施プロセスシート」を公表しています。各事業の年度目標と計画、その進捗状況を定期的に更新し、事業プロセスを見える化しています。

　国の取組では、各省庁の「行政事業レビューシート」があり、予算執行による資金の流れを把握できます。具体的には、次のとおりです。

- ・資金の流れ：国の各事業の予算が、どこ・誰に渡っているか（最終的な資金の受け手までフローチャートで公表）
- ・費目・使途：資金の受取先ごとに、受け取った資金をどう使ったか（費目ごとに使途や支出額を一覧化）
- ・支出先上位10者リスト：資金の受取先ごとに、支出した額の上位10者はどこか（支出先の法人等団体名、支出額、契約方式、入札者数、落札率など一覧化）

　これからの時代、個人が特定されてしまい不利益を被ってしまうような情報を除き、「データがない」「データがとれない」との説明は通りづらくなります。行政データは行政のためだけにあるのではなく、住民の財産でもあります。データを出すことは当然のこととの認識で、事業に関連するデータを日頃から収集・蓄積しておくことが大切です。

補助金はやめられなくなる

（1）補助金に支出義務はない

　住民、市民活動を行う団体、事業者に対し補助金を交付する事業は、どの自治体でも行われています。財政状況が厳しくなると、これら補助金について見直しの検討が求められる場合があります。

予算歳出節「負担金、補助及び交付金」それぞれの内容を改めて、みていきましょう。

　　負担金：特定の事業から地方自治体も何らかの利益効果を受けるとき、
　　　　　　費用の一部を分担する義務的な支出
　　補助金：公益上必要があると認めた特定の事業等を育成する目的で無償
　　　　　　で提供する資産で、支出そのものに義務はない
　　交付金：法令や条例により、地方自治体が本来行うべき業務を外部団体
　　　　　　に委託したときの報償

　このように補助金は、支出そのものに義務がありませんので、必要な予算額を確保できなかった場合は、予算の範囲内で対応することになります。限られた予算を効果的に活用していくために、補助金支出により、どれだけ公益につながっているかを検証することは大事なことです。例えば、公益活動の実施団体への補助金であれば、事業計画に、いつまでに何を達成するかミッションを明確に設定してもらいます。実施団体から実績報告を出してもらう際には、達成状況等検証結果の報告もあわせて行ってもらうなど、補助金執行の業務プロセスで、必要な情報を把握できるような仕組みにしておくことが考えられます。

（2）補助金は終期を設定しておく

　木下斉さんの著書『稼ぐまちが地方を変える』（NHK出版、2015年）

の中に、まちづくりを成功させる「10の鉄則」が出てきます。そのうち、鉄則②として「補助金を当てにするな」を挙げていて、当てにしすぎていると、補助金依存の悪循環になるとしています。

　自治体が支出する補助金の中では、特に肝心なのは独自の補助金を創設する時です。長期にわたる支給を前提とせず、終期設定があることをあらかじめ支給対象者側にしっかり伝えておくことが大切です。

　本市では、「負担金・補助金・交付金の見直しに関する指針」（平成27年4月改正）で、任意的な補助金は、3年程度の終期を設定しています。終期を迎えたものは、交付の有無を含めて見直しを行いますが、終期の到来をもって自動的に終了するものではなく、定期的に見直しを行う契機と位置付けて運用しています。

　定期的に検証することで、所期の目的を達成しているのであれば、目的達成が必要な別の行政分野の事業に財源のシフトを、あるいは、見込んでいた効果につながっていなければ、他の手法に転換するなど、検証結果を踏まえて改善することで、予算を無駄なく活用できます。

　補助金の交付団体から、「他の分野の事業には予算が拡充するのに、なぜ自分たちのところの補助金は増えないのか。」といった意見が出ることもあるかと思います。限られた経営資源の中で、幅広い行政分野から、その時々の社会経済情勢を踏まえて、重点分野にアクセントをつけているので、結果として予算というパイを奪い合っていることは否めません。

　また、予算制度や地方財政制度上、国の直轄事業や負担金事業は義務的、国の補助事業は準義務的、交付税措置対象事業であれば、自治体が行う必要のある行政サービスというように、一定程度優先付けがされています。その中で、自治体の裁量による独自の補助金交付は、財政状況見合いで予算額は流動的となりがちです。

　このような複雑な予算構造をわかりやすく説明し、理解につなげていくことは至難の業なのですが、予算や財政状況に関する住民・関係者向けの説明・発信は、財政課だけの役割とするのではなく、事業を所管するみなさん方からも関係者への理解・納得につなげてもらうことは、ぜひともお願いしたいところです。

ニーズは満足度の確認だけでは不十分

●満足度と重要度をみる

　多くの自治体において、住民のみなさんに施策や事業に対する満足度を定期的に調査して、今後の行政運営に役立てていると思います。子育て支援、教育、高齢者福祉といった行政分野別に満足度を確認している自治体もあれば、基本計画の政策や施策を単位に確認しているところもあります。

　また、満足度だけでなく、重要度についてもセットで確認している自治体もあります。こうしたクロス集計結果は、職員・財源などの経営資源を効果的に活用していくにあたり有益な情報となります。

　例えば、千葉県印西市では、印西市総合計画の施策を単位として、満足度と重要度を確認しています。そして、**図表2-2**のように満足度を横軸に、重要度を縦軸にとって、各施策を相対的に評価するため、満足度と重要度の平均値を境として4つの領域に分類化し、状況確認しています。さらに、施策ごとの集計では、総体としての満足度や重要度とともに、エリア別や年齢別といったミクロの視点でも可視化することで、より的確に市域の実態を把握しています。

　全体を分解して分析することの有意性に関して言及する文献があります。そこでは特にウェルビーイングの計測で分解し分析することは重要であるとしています。現在、多くの国々が体系的にウェルビーイングを計測している中で、国全体の総合的な幸福度が前回調査と比べ増大したということが興味深い知見なのではなく、むしろ知見は地域、社会的あるいは年齢別グループといった違いを見つけることから得られるとしています[4]。

　なお、施策を単位に満足度や重要度を確認する際の注意点として、行政分野と違い、施策名からでは、どのような事業・取組が行われているかを住民のみなさんがイメージしづらい場合があることが考えられます。「○

○計画を参考にしてください」と、関係情報に誘導することも可能ですが、おそらく計画の情報量自体がそれなりにあると思いますので、調査に回答するのにそこまでの負担を強いると回答率の低下や、回答者の意向と異なる選択肢を選んでしまうといったデメリットにつながりかねません。

　センスのよい、あるいは奇をてらった施策名や事業名を付ける必要はありません。住民のみなさんが悩まずに、どのようなまちづくりをするのか、今後どのような自治体サービスを展開するかといったことを、すぐに理解できるような、そんなシンプルな設定こそが住民ファーストと言えます。

図表2-2　各施策の相対評価

A　満足度が平均値より低く、重要度が平均値より高い項目	B　満足度、重要度ともに平均値より高い項目
グラフ左上のAゾーンに位置する項目は、施策の重要性が広く市民に認識され、とくに施策の推進や改善に対する市民のニーズが高い項目と考えられる。従来の取り組みの方向について検討を加え、改善していくことが求められる。	グラフ右上のBゾーンに位置する項目は、施策の重要性が十分認識されているとともに、現在の取り組みにも満足している市民が多い項目と考えられる。今後も現在の水準を維持し、着実に取り組んでいくことが求められる。

満足度平均値（2.77）

《重要度》	《Aゾーン》 満足度：平均値より低い 重要度：平均値より高い	《Bゾーン》 満足度：平均値より高い 重要度：平均値より高い	重要度平均値（3.48）
	《Cゾーン》 満足度：平均値より低い 重要度：平均値より低い	《Dゾーン》 満足度：平均値より高い 重要度：平均値より低い	

《満足度》

C　満足度、重要度ともに平均値より低い項目	D　満足度が平均値より高く、重要度が平均値より低い項目
グラフ左下のCゾーンに位置する項目は、取り組みの推進に対する期待は高いものの、他の施策と比較してその重要性の認識が低い項目と考えられる。施策の重要性に対する認知を高めるとともに、従来の取り組みの方向の改善を検討することが求められる。	グラフ右下のDゾーンに位置する項目は、他の施策と比較してその重要性の認識は低いものの、現状の取り組みには満足している項目と考えられる。今後も着実に取り組みの推進を図るとともに、施策の重要性についての認知を高めていくことが求められる。

出典：令和4年度印西市市民満足度・重要度調査報告書（令和5年1月）から引用

注

1　ジェイコブ ゴールデンバーグ他『インサイドボックス 究極の創造的思考法』（文藝春秋、2014年）

2　一條義治『増補・改訂版これからの総合計画－人口減少時代での考え方・つくり方－』（イマジン出版、2020年）

3　伊藤大貴、伊佐治幸泰、梛野 憲克『ソーシャルX 企業と自治体でつくる「楽しい仕事」』（日経BP、2022年）

4　ジェフ・マルガン『ソーシャル・イノベーション「社会を変える」力を見つけるには』（ミネルヴァ書房、2022年）

第3章

予算の枠配分を
活かす

今村　寛

シーリングは何のため

（1）「一件査定」と「枠配分予算」

　自治体における予算編成では、まず施策事業を担当する現場から、現場で推進すべきと考える施策事業に必要な経費についての予算要求が行われ、財政課がその必要性や緊急性、金額の妥当性などを精査し、自治体全体の予算を調製しています。

　収入の見込みを精査し、その収入を財源として充てる施策事業に必要な支出の額や内容を精査する予算編成は、支出の額や内容を誰がどのように精査するのか、が大きく分けて二通りあります。

　一つは、事業ごとに目的、内容、必要経費の積算を示した予算要求調書をまとめて受け取り、財政課で一件ずつその中身をチェックしていく「一件査定」。もう一つは、あらかじめ部局単位で包括的に財源を配分し、配分を受けた部局においてその範囲内で自律的に予算編成を行う「枠配分予算」です。

　一件査定は、財政課に権限と責任、そして情報を集約することで、すべての事業を同一の判断基準で取捨選択し、各分野での施策の力の入れ具合のバランスを取りながら全体で収支の均衡を図っていくことができる、予算編成の王道です。財政課がすべてをチェックし、統一的な判断を下すことで予算査定の一貫性を確保できる一方、現場からの「要るものは要る」、財政課の「ない袖は振れない」という互いの主張はなかなか交わることがなく、時として不毛な議論や組織間の不信を生むこともあります。

　この過程でほとんどの自治体において行われているのが、財政課からあらかじめ予算要求の上限額を示す「シーリング」という手法です。必要な経費を必要なだけ要求することすらできないこの仕組みは現場からは大変不評ですが、財政課がなぜ毎年シーリング（要求上限額）を示し、予算削

減を求めるのかについてはあまり知られていません。ではなぜ財政課は「シーリング」によって予算要求の上限をあらかじめ定めるのでしょうか。

（2）シーリングは何のため

　「シーリング」は「天井」という意味ですから、予算編成においては「要求上限額」を意味します。

　予算編成で、各部局がそれぞれ必要だと思う経費を必要なだけ積算し要求してきたら、その膨大な額を限られた財源の範囲に収めるために経費を精査し査定していくことは気の遠くなるような作業です。

　昔は、「要るものは要る」という理屈を振りかざして、所要額を要求することが組織の存在意義だった時代もあり、過大な要求も当たり前でしたが、高度経済成長が終わり時代が低成長へと移る中で、要求を過大に見積もっても要求側も査定側も労多くして実りがないということで、一定の上限を設けることとした、それが「シーリング」です。

　最初は前年度の予算額を上限とするというキャップのはめ方でしたが、税収が伸び悩む中、社会保障費の増等で政策的経費にかけられる財源が一向に増えないことから前年度の額を下回る額を予算要求の上限とする「マイナスシーリング」が始まったのです。

　ここからがあまり理解されていないところなのですが、財政課の示すマイナスシーリングはすべての経費を一律に削減せよと言っているわけではありません。（もしそのようなことを言っている財政課の職員がいたらそれはシーリングの意味を理解していないことになります。）

　マイナスシーリングは財政課に予算要求調書を束ねて提出する部局単位で順守すべき要求額の上限に過ぎず、各課、各係、それぞれの小事業の単位で一律に前年度比○％の削減を達成せよというルールではありません。

　前年度比○％削減と言ったって、指定管理料やリース料、事務所家賃など前年同額でないと契約できないものが含まれていることは財政課も承知しており、そういった削減できない経費の分は何か代わりの削減できるもので削減し、削減しにくい経費の削減ノルマは同じ部局内のより優先順位の低い事業の見直しでカバーして、部局全体で要求上限額の範囲に抑えてほしい、というのが財政課の意図するところなのです。

（3）シーリング＝一律削減という誤解

　しかし、現場ではそう受け止められていません。

　財政課から示された部局の予算取りまとめ担当課が各課、各係にそのノルマを示すうえで、シーリングの意味が分からずにただ安直に各課、係に一律削減の義務を課しているか、あるいは意味は理解していても、それぞれの課、係、事業に濃淡をつけ、「不平等な」調整をすることが難しいという理由で一律に削減を求めているというのが実情ではないでしょうか。

　ひょっとすると、予算担当課でシーリングの意味は理解しているものの、あえて各課に対して一律削減を指示している場合があるかもしれません。シーリングは予算編成の過程で「この額までしか要求してはならない」と言っているだけで後で述べる枠配分予算のように「この額まではあなたの部局で自由に使っていい」という意味ではありません。

　シーリングの上限額に収めて財政課に提出したとしても、そこから鬼のような査定が待っていることが原因かもしれません。せっかく厳しいシーリングの範囲内に収めるためにコツコツ削ってやっと出来上がった予算要求調書は財政課担当者による査定による見え消しで数字が見事に書き換えられ、場合によっては影も形もなくなることもあります。

　そこで部局内での調整を行ってどこかの部門に手厚く配分したとしても、その裁量を財政課が許容しているわけではないので、結果的に平等に痛み分けしようというベクトルが組織内で働き、「一律削減」にという選択をしているということもあるのかもしれません。

　予算とりまとめ担当課がそう判断しているのか、各課、各係に至る現場までそういうコンセンサスがあるのかはわかりませんけど。

（4）シーリングの説明責任

　どのみち、なぜシーリングがかかるのか、が正しく現場で理解されていなければ、自分のかわいい事業を削ることも、シーリングで削減した予算の説明責任を市民に対して果たそうというモチベーションもわきません。自ら予算の削減というリスクを冒すのであればあえて他の事業への優先配分を自ら判断したとかでないと、市民に面と向き合って説明できないですよね。

ではマイナスシーリングで一律削減なのに市民への説明は現場が負わないといけない、という場合、現場の担当者はどうしたらいいのでしょうか。

　まず、なぜマイナスシーリングなのか、全体の財政状況や見通しを財政課に聞きましょう。税収がなぜ増えないのか、社会保障費はなぜ増えるのか、その結果、自分たちが予算で裁量的に使える経費がどのくらい減るのか、その根拠も示さずに昨年より○％カットでお願いします、というのは財政課の横着だと思います。

　また、シーリングによる要求額の圧縮で生み出された財源はどこに行くのか。税収の減、社会保障費の増に充てられるのか、それとも優先順位の高い政策的な経費に充てられるのか、というあたりも財政課が各事業所管課や議会、市民に対して果たすべき説明責任だと思います。

　そのうえで、シーリングを守るために自分の部局内でどのような取捨選択、調整ができるのか、対話し議論し、責任ある者が決断をしていく必要があるのです。

　以上「シーリング」についてご説明してきましたが、これはあくまでも予算をつける・つけない、あるいは金額の多寡を財政課が決める「一件査定」の一手法であり、配分された枠の範囲内であれば自主的、自律的に現在の施策事業の内容を現場で判断して組み替えることができる、私が提唱する「枠配分予算」とは全く異なる方式だとご理解ください。

23

枠配分予算のススメ

（1）現場に任せる「枠配分予算」

　では「枠配分予算」とはどういう予算編成手法なのでしょうか。

　福岡市では2005年度（平成17年度）当初予算編成以降、「枠配分予算」という手法を導入しています。これは、あらかじめ推計した翌年度財源を一定のルールで各部局に予算編成前に配分し、その範囲内で自主的、自律的に部局単位の予算原案を作成してもらい、それを財政課が全体で束ねて調整するという仕組みです。

　人件費、扶助費、公債費といった義務的経費や特に政策を推進するために強化すべき経費などについては、局・区長の裁量枠とは別に予算を要求し財政課が調整する仕組みを採用しますが、それ以外の経費については原則としてすべての事業があらかじめ局・区長に配分された枠の中で取捨選択されることになっているため、局・区長の裁量が生かされる反面、限られた財源の中で必要な経費を確保するために自らの事業を廃止縮小する判断を局・区長自らが行うことが求められます。

　財政課は、各局・区にどれだけの財源を配分するか、という事前の調整と、各局・区で作成した原案を全体で見渡した際に施策事業のバランスや過去の政策決定、市長や議会・市民の意見との整合が取れているか、をチェックすることに専念し、個別の事業の経費の内訳など、政策を実現するための具体的な手段の選択は現場に任せるのが「枠配分予算」です。

　枠として配分する額の設定は直近年度当初予算（あるいは直近年度決算）に一律で削減率を乗じることを想像されるかと思いますが、各部局への配分は一律のルールではありません。各部局の実情に応じて、また総合計画の進捗や市長公約、市民や議会からの要望の強い事項などの政策的なバランスを図り、特定の政策を強力に推し進めるために、各部局への枠配

分調整率を一律ではなく個々に設定したり、特定の事業について枠配分の対象から外し、所要額を個別に調整したりしています。

　そのような部門間調整を行うこと、その概要と配分額について市長までの了解をとり、各局に配分し、その枠配分額を部局の長の裁量でどのような施策事業に振り向けたのかは、11月に各部局の長から直接市長、副市長に対してプレゼンテーションを行い、必要な修正等の指示を受けることになっていますので、部局の長の裁量を最大限発揮するための仕組みである枠配分予算といえども、全体としては市長の管理下にあるといえます。

（2）枠配分予算がもたらす現場のやる気

　枠配分予算制度は、現場の裁量を尊重し、その権限と責任を委ねることにその根本があります。信頼され、任されているからこそ、その期待に応えられるように現場でより効率的に、より身近な市民の声を反映できるようにと工夫するモチベーションが保たれます。

　枠予算の導入により得られる最大のメリットは事業担当課のモチベーション向上です。限られた財源をいかに有効に活用して市民満足の維持向上につながる予算を組み、それを実行していくかを、現場のことがわかっていない他人から押し付けられるのではなく、現場にいる自分の頭で考え、自分の手を動かし、予算とは関係ないマンパワーやコミュニケーションスキルも投入して自らが直面する課題解決を図るためには、職員のやる気、組織のモチベーションを高め、不断の創意工夫と課題解決のための情熱を絶やさないことが必要になります。

　お金のある時代ならお金で解決できたことも、今はお金以外の力で解決していかなければいけないのですから、そのやり方や到達すべき水準の設定、できないことをできないと市民に納得してもらうことの努力も含めて、現場の職員に委ねざるを得ませんし、現場のことを伝言ゲームで聞いているだけの財政課の査定は、俯瞰的に物事を見る力はあるものの、個別の問題解決には力を持ちません。

　現場を熟知し、課題解決に最後まで責任をもって担当することができる各事業担当課を信じて、そのやり方を任せることで、現場職員が財政課の査定に従って仕事をするという「やらされ感」ではなく、自分たちで解決

するというモチベーションにつながります。職員のモチベーション向上は組織としての対応力、問題解決力の向上につながり、そのことがひいては市民が納得できる課題の解決、市民満足の維持向上につながると私は考えています。

　もちろん、この効果がうまく発揮されるためにはそもそも厳しい財政状況であること、すなわち配分される財源には限りがあることを現場職員がジブンゴトとして理解することが前提にはなりますし、そのために財政状況や自治体として抱える課題解決の優先順位など全体を俯瞰する情報についての財政課と現場との共有と互いの役割分担についての意思疎通は十分行われなければいけないことは言うまでもありません。

　また、各課、係単位での自律経営だけでは所掌範囲が狭くそれぞれで裁量を発揮することが難しいので、配分された財源を部や局の単位で互いに融通しあうことが必要です。しかしこの場合であっても、財源配分を受けている部局の単位は普段から同じ政策分野の課題対応に当たっている仲間ですから、全く別のフロアで仕事をしている財政課に調整をお願いするまでもなく、部長や局長のリーダーシップのもとで相互の調整を行っていくことは財政課の査定を受けてそれに従うよりはたやすいし、納得感をもって受け入れることができるのではないでしょうか。

（3）「スクラップ＆ビルド」ではなく「ビルド＆スクラップ」

　さらに言えば、枠配分予算は現場の創意工夫を生みます。

　例えば、財政課から配分される財源以外の収入の確保、あるいは民間企業や各種団体等、他のセクターとの協働・分担による行政負担の軽減です。また、予算計上に当たってその執行方法を見直せば、浮いた枠は財政課に分捕られることなくほかの事業に回せるわけですから、主体的、積極的に事務事業の見直し、効率化に向かうモチベーションも高まります。

　財政課や行革担当課から何度指示されていても進まない事務事業の見直しが、自分たちで生み出した財源を自分たちで使えるとなったとたんに一気に進むのは、単に自分たちに裁量が委ねられ、意欲が高まったことによるだけではありません。既存事業の見直し（スクラップ）で得られた財源を活用して新たな事業を始める（ビルド）する「スクラップ＆ビルド」で

は、既存事業の見直しが進まなければ新たな事業を始めることができませんが、その場合ネックになるのはなぜ既存事業の見直すのかという目的の希薄さゆえの改革モチベーションの低迷、「なんでうちがこの事業を見直さないといけないんだよ」という負の感情です。

　しかし、新たな事業を始めるために既存事業を見直す「ビルド＆スクラップ」、であればどうでしょう。新しいことをやりたいときにそこで得られる課題解決の効果と比較して優先順位の低いものを見直していくのであれば、事業の見直しは目の前にある政策課題の解決という目的を達成するため手法となり、見直しの大義が立つわけです。

　同じ政策分野を所管する部局単位で枠を配分する理由はここにあります。同じ政策分野の中での優先順位の最適化を、その政策分野の責任者である部長、局長が自分の責任において、政策内での施策事業の重要性や求める成果に応じて柔軟に資源配分できることが、政策を所管する事業担当課にとっても、政策の効果を享受する市民にとっても幸せなことであり、しかも限られた財源が最も有効に活用されることで、資源配分全体を所管する財政課も HAPPY になれる「三方よし」の方策なのです。

　加えていえば、自治体職員にとっては「やらされ感」ではなく意欲的に働くことができるだけでなく、財政課と事業担当課の資料のやりとりやヒアリングを必要最小限に省くことによる時間外労働の縮減、働き方改革の実現も社会的に大きな意義があると思っています。

24

枠配分予算はバラ色か

（1）枠配分予算への異論反論

　枠配分予算については、懐疑的な方も数多くおられ、自治体によっては以前導入していたがうまくいかないのでやめた、というところもあります。そこで改めて、枠配分予算への異論反論にお答えしていきたいと思います。

① 配分される枠がそもそも足りないので裁量がない。

　十分な枠が与えられず、既存事業の見直しを財政課から押し付けられているとしか思えない、という意見はよくいただきます。

　これは自治体財政が直面している収入減少や義務的経費の増加という避けられない現実に起因するもので予算編成手法云々の話ではありません。

　お金が足りない中で何を残すのか、事業手法をどのように見直すのか、を財政課が主体となってそれぞれの現場に査定で切り込んでいくのか、現場が自分たちで主体的に見直して与えられた枠の範囲に収めるのか、というだけの話です。

　その二択でも、予算を使う方法以外の解決策を考えられるという点、目の前の市民とのコミュニケーションを十分にとりながら見直しを進められる点において、自分たちで主体的に見直すことの方がよりよい結論を導けると私は思います。

② 枠の配分が公平でない

　これもよく言われますが、当たり前の話ですね。自治体の各現場で皆さんが担当している仕事は、それぞれ組織的に、あるいはその中の各職員で役割を分担していますがそれは均等に配分されていません。

　忙しい職場にはたくさんの人が、確実に成果を出さなければいけない課題のある職場には優秀な人材が配置されていると思いますが、そのことを「不公平」とは言わないでしょうし、財政課が一件査定する場合でも、予

算がつく事業、つかない事業、結果はさまざまですが、それも「不平等」とは言いません。これが資源配分です。

　福岡市では、配分する財源の積算にあたっては、一定の共通原則はありつつも各部局の抱える課題の濃淡や既存事業の見直しの可能性など部局の個別事情を考慮し、その部局が達成可能な目標額として個別に設定しています。各部局がやる気を失わずに創意工夫を発揮し、その結果としてよい予算を組めればいいのですから、そこに各職場を平等に扱うという考えは存在しません。もっとも、あまりに不平等であればそのことが原因でやる気を失う人もいますので、ある程度の公平性は担保しないといけませんけどね。

③　それぞれが勝手に部分最適を図り全体最適にならない

　これは各事業所管課あるいは特定の政策推進を担って部局横断で調整するリーダーの判断が自治体全体の方針と整合するかという話で、制度設計上は重要な話です。確かに財源だけ配分して「好きなように使っていいよ」と言えば、部局ごとに好き勝手な判断をしてしまうことが想定されますので、この全体方針に従って各部局で配分財源の使い道を考えるようにと指示することが必要ですし、それがきちんと守られているかをチェックする関門は通る必要があります。

　福岡市では次年度の予算編成、機構整備に先立ち市長から市政取組方針が発出され、総合計画に掲げた都市経営の基本戦略に基づき、社会経済情勢の変化等を踏まえて各局区の自律経営の下で施策・事業を構築するための基本方針が示されます。

　同時に、特に取り組みを強化すべき重点分野を総務企画局長が、財政運営についての具体的な留意事項は財政局長から各局・区長に示され、配分された枠に基づき各局区でまとめた予算原案、機構整備原案については、早い段階で市長、副市長とも協議、意見交換を行い必要な指示を受けたのちに、財政課において全体を俯瞰し、枠配分予算の対象としていない義務的経費や個別調整経費とともに必要な調整を行うという流れになっていて、この過程で、各局区の自律経営を重んじつつも予算や組織が部分最適にならないよう全体調整をしています。

　枠予算であろうと一件査定であろうと全体最適を図る俯瞰的、総合的な

調整は当然必要ですが、それは各事業の内容に入り込んだ積算根拠の調整とはレベルの異なるものであり、逆に一件査定の過程で各事業を個別撃破している過程では見ることがない視座からの調整になります。

④　**財政規律が保たれない**

　よくこの言葉を財政課職員や OB から聞きますがそもそも「財政規律」っていったい何でしょう。私のイメージでは、税収等の収入、社会保障費、公債費の義務的経費の見通しを踏まえた中長期的な収支均衡、基金や公債での資金繰りといった全体フレームの話、あるいは補助金や負担金など行政からの支援や受益者負担のあり方など、行政と外部との関係性についての共通ルールに限定され、予算編成の中で個別の事業査定の中で議論すべきものではないものも含まれます。

　むしろ、財政課が予算査定でよく指摘する、事業の必要性や緊急性、実現可能性、費用対効果など、市民から預かった税金を使うことの是非やその額の多寡の妥当性は、実は全市一律の基準として守るべき財政規律ではなく、予算とは何か、行政サービスとは何かという議論が本質であってその意味合いは個々の事業で全く異なります。財政課がこれを全市一律の基準で全ての事業を査定することで守らせることは不可能ですし適当ではないのではないかというのが私の考えです。

　だいたい、福岡市でいえば一般会計で3000もある事業をたった一人の財政課長がすべて同じ判断基準で判定し、優先順位付けと金額の積算根拠の妥当性を同時に判断することなどできるわけがありません。現場に予算編成の裁量を委ねることで失われる「財政規律」なんてもともとあったのかというのが、財政課で係長として個別の事業査定を 5 年間やってきた私の偽らざる気持ちです。

　財政課長として枠配分予算を大幅に拡充して各部局に裁量を委ね、それを全体的に俯瞰し総合的に調整し予算を編成する作業を 4 年間やり通したことで、財政課が果たすべき役割と現場の事業担当課やそれを束ねる各部局の長がどのように情報を共有し、意思疎通し、役割分担、連携していけばいいかということが体感できた今、一件査定だった昔を振り返ると、財政課が一つ一つの事業を査定することで守らせていた「財政規律」なんてただの神話だったんだろうという気がしています。

（2）市民が満足する予算編成手法とは

　財政課の存在意義、使命は、効果的な資源配分と持続可能な財政運営の両立です。この目的を達成するため、無駄な経費をそぎ落とし必要な施策事業に予算をつけ、借金や基金の残高に留意しながら全体を束ねるということを予算編成の中で行い、それがきちんと実行されるために予算執行管理を行うのが財政課の使命だということに異論をはさむ人はいないでしょう。持続可能な財政運営という目的については、確かに全体を束ねて見渡す必要がありますので、財政課が最後まで担わないといけない部分かもしれません。

　しかし、効果的な資源配分という目的に即した成果はどうでしょうか。

　財政課の行うシーリング（要求上限額）設定や一件査定は、効果的な資源配分にどの程度貢献しているのでしょうか。

　効果的な資源配分であったかどうかを何のモノサシで測定するかというと、市民が市政に満足しているかということに尽きます。極端に言うと、福岡市の規模でいえば財政課長一人で3000事業の内容と優先順位を決め、9000人の職員がそれに従うのと、9000人の職員がそれぞれの持ち場で自分の与えられた裁量の範囲で最大のパフォーマンスを発揮するとのどちらが市民を喜ばせることができますか、という話だと私は思っています。

　さて、一件査定と枠配分予算、どちらがより市民が満足する行政運営になると思いますか？

誰が枠配分予算を殺したか

（1）枠配分予算の普及と挫折

　私があちこちでその良さを喧伝している「枠配分予算」ですが、この仕組みは私が発案したものではありません。正確なことはわかりませんが、この本の共同著者である、東京都足立区の元教育長定野司さんが財政課長だった2002年度（平成14年度）から始めた「包括予算制度」がその走りではないかと記憶しています。福岡市では、当時先行していた横浜市の事例を参考に2005年度（平成17年度）当初予算編成から導入し、私が財政課長になって最初の予算編成となる2013年度（平成25年度）当初予算編成においてその対象を拡大し、4年間の財政課長時代に微修正を繰り返しながら現在のスタイルを確立しました。

　その経験を踏まえて、今「枠配分予算っていいね！」と推奨しまくっているわけですが、全国的に見れば足立区での導入からもう20年以上経ち、全国の自治体で導入が検討され、実際に導入された自治体も多数あります。そしてその中には、うまくいかなかったので枠配分予算を止め、財政課が一件ずつ査定する「一件査定」に逆戻りしている自治体もあります。

　それぞれの自治体でうまくいかなかったのはなぜなのでしょうか。その大きな理由は二つ、「現場の財政課依存」と「財政課の現場不信」です。

（2）財政課に依存する現場

　「現場の財政課依存」とは、配分された枠の範囲内で予算編成をしなければならないのに自分たちの裁量で枠に収めることができず「あとは財政課でお願いします」とさじを投げてしまう、あるいは配分された枠が少ないことを理由に「財政課からの配分が少ないから必要な事業ができない」と市民や議会に言いつけてしまうなど、現場に与えられた責任と権限を現

場がうまく行使できないことを指します。

　ところが、配分される枠が少ないのは自治体全体で配分できる資源が限られているということであり、自治体のすべての所属が負うべき外的要因であって財政課の責任ではありません。配分された枠が少ないと現場ではよく「これでは昨年と同じ仕事ができない」と言いますが、厳しい言い方をすれば使える財源が減っているのになぜ同じ仕事ができると思っているのか、と言いたくもなります。法令で定められたこと、毎年経常的に行っているルーティンワークといえども、限られた財源の範囲内で予算を編成し事務を遂行しなければならないことは明らかで、必要な支出額を賄う財源が保証されているわけではないことを現場は正しく理解する必要があります。

　また、配分された枠が厳しいからと言ってその中での優先順位、事業費削減等の見直しを自分たちの裁量でできないと匙を投げるのは与えられた責任の放棄ですよね。まあ、個々の事業の担当者レベルでは自分の事業がかわいいので止むを得ませんが、複数の事業を束ね、その総合的な推進で施策の効果を得ることが使命である部局長が言う台詞ではないでしょう。

　現場で厳しい判断をしたくないから、部下からそっぽを向かれたくないから、自分が市民批判の矢面に立ちたくないから、枠配分予算制度の期待する趣旨から目を背け、判断から逃げて、財政課に責任をなすり付けてしまう。現場責任者のこんな逃げ口上を見せつけられ、そんな現場に責任と権限を委ねることはできないと判断して、いったん現場に委譲した権限を再び財政課に中央集権化する、そんな自治体が数多くあったようです。

（3）現場を信用できない財政課

　逆に「財政課の現場不信」として悲しいのは「配分された枠の範囲内で組んだ予算案を財政課に査定されて現場のやる気がなくなった」というやつ。これ、本当にダメです。絶対にダメ。与えられた枠の範囲内に収めるために同じ部局の中で施策事業の取捨選択や経費節減の工夫をし、やっとの思いで編成した予算原案に対してと財政課からさらに赤ペンを入れられる。こんな屈辱的なことはありません。調整に当たった部局の財務担当課は現場にどんな顔をして説明すればいいのでしょうか。

枠配分予算の真骨頂は「信じて委ねる」。現場は財政課から信用されていないと感じた瞬間に、委ねられた権限を「ただやらされてるだけ」と感じ、その責任を放棄します。後から査定されることがわかっているなら「だったらお前が最初からやれ」というだけの話です。だからシーリング（要求上限額）方式はうまくいかないし、現場の徒労感がハンパないんですよね。

枠配分予算は財政課の下請けを現場にさせることではありません。互いの相互理解と信頼関係に基づいた役割分担と連携です。単なる下請けでないことはわかっていながらもそうなってしまう、あるいはそうであると現場から受け止められてしまって機能不全に陥る、それは枠配分予算制度の死を意味します。そうならないためには、制度を創設し運用していく財政課の気概が肝要です。

（4）すべては財政課の腹決めひとつ

「現場の財政課依存」の最大の原因は財源不足による現場のあきらめ。

これを起こさせないためには、自治体全体での財源不足の状況を事実として各現場の隅々まで届け、その前提で各現場の裁量を信じて委ねているのが枠配分予算制度なのだという理解を浸透させることが第一であり、その責任は制度担当である財政課の責任です。

枠としての財源配分に当たっては、財源不足の解消をすべて各現場に担わせるのではなく、事業費削減、財源捻出のノルマは現場が請け負うことが可能な額にとどめ、それでもなお不足する部分は義務的経費の精査、基金や起債等の財源対策、年度間調整等の全体的な調整などで財政課が財源確保に関する策を講じ、現場と同様あるいはそれ以上に汗をかかなければならないことは言うまでもありませんが、枠配分により財政課が個々の事業費査定に入り込む必要がなくなった分、全体調整に手間暇をかけるのが当たり前だと私は思っています。

また、財政課に厳しい判断の責任を委ね、現場判断から逃げようとする部長、局長については、組織として幹部職員像をどう変え、定着させていくかという話。幹部として組織の自律経営を行うことができるかどうか、自らの事業領域の拡大が幹部の評価につながるという前時代的な評価に

なっていないか、という視点が全市的な評価軸となるようについて、枠配分予算制度導入にあたり財政課できちんとレールを敷く必要があります。

　「財政課の現場不信」はもとより財政課の腹決めひとつですし、「現場の財政課依存」も財政課の制度設計とアナウンス次第。そう考えていくと、枠配分予算制度を導入するには財政課が汗をかかねばならず、財政課にそのモチベーションやその前提として「このままではだめだ！」という危機感がなくてはいけないのですが、全国の自治体の財政課長、あるいは財政課の職員の皆さんはいかがお考えでしょうか。

（5）もっと効率的な方法はないですか

　予算編成に関わる各職場の職員が秋から冬にかけて財政課とのやりとりでたくさんの時間と労力を割いています。3ヶ月にもわたる内部調整で費やされるエネルギーにふさわしい、よりよい予算案が出来上がっているのでしょうか。あるいは、その内部抗争の徒労感が生むマイナスのモチベーションは、現場で市民に悪い影響を及ぼしていないでしょうか。逆に、現場にプラスのモチベーションを持たせることができれば、同じ経費でもより効果的な事業実施が期待できるのではないでしょうか。

　効果的な資源配分と持続可能な財政運営の両立だけが財政課長の使命ではありません。財政課職員はもちろん、財政課が船頭となって庁内全体を取り仕切る予算編成・執行管理の業務にかかわるすべての職場で、職員の過重労働をなくし、やりがいのある職場をつくるという労働者保護、働き方改革の推進も重要な仕事です。

　全国の財政課長さん。いい予算を組みたいという気持ちはわかりますし、その責任感も大事ですが、「目的に即した成果を最大に得ているか」「もっと効率的な方法はないか」と自分自身に問いかけてみてください。

　自分自身が今、財政課長として十分に使命を果たせていない、課長として予算編成に関わるたくさんの職員の労務管理ができていない「ダメ課長」と悟ることから道が開けます。「そうはいっても忙しくてそんなことを考える暇がない」と言われるのが最大の悲劇ですけどね。

任せてやらねば人は育たず

（1）枠配分予算は「正しく」なくてよい

　枠配分予算の話をすると必ず、配分する枠の具体的な算定方法を尋ねられますが、その根底にあるのは、どうすれば「適正」に「妥当」な枠を配分できるのか、という問題意識です。しかし、ここですでに多くの皆さんが間違いを犯しています。枠予算の配分方法は「適正さ」「妥当性」を追求するものではありません。

　配分財源の計算方法としては、自治体全体の一般財源を予算編成時に見込み、そのうち義務的経費、特別会計・企業会計との負担ルールに基づき個別に算定される経費、及び政策的意図をもって個別に調整すべき経費に必要な財源を控除して留保し、残余について各部局の財政需要に応じて配分する、という説明になりますが、具体的な算定方法は、福岡市でも、私が課長だった４年間を含め、今でも毎年のように変更しています。

　私が福岡市でこの制度を確立した際に留意したのは、正しく公平に配分するルールを制定し適用することではなく、配分を受ける各局がいかに現下の財政状況を「ジブンゴト」ととらえ、その中で最大のパフォーマンスを発揮する「自律経営」を行うモチベーションを持てるかという、組織マネジメントのためのコミュニケーションという考え方でした。

　枠配分予算の制度設計を行う際に陥りがち落とし穴は「正しい予算」を組もうとすることです。個々の事業費の見積もりが効率的で適正であること、その事業の総計が全体として政策、施策事業のバランスが取れていること、収入と支出が均衡し、持続可能な財政運営が担保されていること。全ての事業を財政課で一件ずつ査定していた時代は、この「正しさ」をすべて財政課長一人のモノサシで測り、正しく査定していたというわけですが、それは実在しない"神話"です。

確かに市民から預かった貴重な税金の使い道をいい加減に決めてはならず、筋の通った基本方針に基づき、調整されていなければならないわけですが、それを財政課に一手に引き受けさせるために権限と責任を集中させることの無理を避け、現場と官房部門が役割を分担したのが枠配分予算なのです。

（2）枠配分予算で目指す全体最適

　枠配分予算においては、個々の事業費の効率性や適正さは現場に任されます。政策内の施策事業のバランスは政策推進の責任者である各局長が調整します。政策どうしのバランスは基本計画を統括する企画部門と首長が判断します。そして、収支均衡、将来負担への対応のための財源調整行い、持続可能な財政運営を司るのが財政部門という具合です。この分業がうまくいくための仕掛けとして「枠」を配分するのです。

　配分される財源の「枠」は、使える金額の上限規制ですがその上限いっぱいまでの裁量権を付与することでもあります。「枠」の配分を受けた局長は、やるべきこと、やりたいことの優先順位を考え、与えられた権限の範囲内で最大のパフォーマンスを発揮できる施策事業に財源を充当するために、限られた財源をできるだけ有効に使おうという意欲のもとで、配下所属の個々の事業内容や金額を精査し比較優位を検討することになります。

　すべての事業に満額の予算がつけられるだけの財源は与えられていないことから、局長自身は何かを取捨選択しなければいけない局面には立たされますが、それは自らの権限と責任で行いうることであり、行わなければならないこと。権限、裁量と責任は表裏一体のものとして「ジブンゴト」化され、自分で何とかしなければならないと考えた局長は、配下の組織に命じて創意工夫を巡らせます。こうして、限られた財源を「適正に」使う知恵が生まれるという仕組みなのです。

　このやり方では、その費用の適切性や効率性が現場に近いところで意識されるため、同じ金額であってもその有効性が高まりますし、何よりも現場が財政課から頭ごなしに査定されるのではなく、自分たちの直属の上司である局長の下で自分たちの権限や裁量が認められ、創意工夫の余地が与えられることで職員のモチベーションが高まり、例え予算が削減、縮小さ

れたとしても財政課から査定されるものよりは納得のいく結論になります。

　枠配分予算は、全体最適と部分最適の相剋を乗り越えるために、可能な限り部分最適の良い部分を残した全体最適化の手法なのです。

（3）枠配分予算における官房部門の役割

　各局長に権限と財源を配分すれば、局ごとに好き勝手に事業を乱立させ、全体として統一感のないバラバラな予算になってしまわないかとの懸念を持つ人もいますが、これを束ねるのは首長や官房部門の役割です。

　部分最適と全体最適の融和には、基本計画に掲げる将来像や首長の公約の実現に向け、自治体が目指す総合的な目標の共有と組織を挙げての一体的な取り組みが不可欠です。そのために、予算編成に際して市政運営の基本的な考え方として重点的に取り組む政策やそれに対して与えられる資源制約の状況を共有し、各局長及びその配下の職員たちが何を目指すのか、そのために自分が分担して与えられている権限と責任は何なのか、を正しく理解する過程が必要になります。そして、各局長に委ねた部分最適の総和が、首長の果たすべき全体最適になるよう首長を補佐し、調整するのが企画部門や財政部門の役割なのです。

　枠配分予算の仕組みはこの役割分担が機能するように設計されなければならず、その財源配分は、机上の理論や平等公正な規律ではなく、どうやったら職員一人ひとりがやる気になるかが全てです。そのためには、枠配分予算制度の決まりごとや配分財源に、この制度で誰に何を期待するのかをメッセージとして込め、それを伝えて組織を動かすことが何よりも大事であり、その思いが実現できたときに枠配分予算は魔法の杖となるのです。

（4）任せてやらねば人は育たず

　やってみせ　言って聞かせて　させてみせ
　ほめてやらねば　人は動かじ

　あまりにも有名な山本五十六の「男の修行」の一節です。ご存じの方も

おられると思いますが、この一節には続きがあります。

　話し合い　耳を傾け　承認し
　任せてやらねば　人は育たず
　やっている　姿を感謝で　見守って
　信頼せねば　人は実らず

　組織を動かすことは人を動かすこと。しかし、人を単に意のままに動かすのではなく、承認し、任せて人を育て、信じて見守ることでその成長を結実させる。そうやって一人ひとりを育て、成長させることで組織が育ち、機能する。私はそのことを「枠予算制度」による組織の自律経営を通して痛感しています。

　財政課が手取り足取り指図して、財政課の意のままに現場を操ることなどできるはずがなく、無理にそうしようとすれば必ず感情的な対立が起こります。面従腹背、疑心暗鬼の組織運営は、内部の騙しあいやマウンティングにエネルギーを消費し、労多くして実りがありません。

　しかし、現場が適切に判断することができると信じて権限を委ね、その現場判断を尊重しながら、財政課は全体最適のためのフレーム、アウトラインの調整に専従することで、権限を委ねられた現場には与えられた権限をより適切に行使しようというモチベーションが生まれ、そのやる気が現場のスキルアップの意欲の源となるのです。

　人を育て、組織を育てなければ、組織は持続しません。永遠にたった一人のスーパーマンが財政課長に君臨し、すべての予算を査定し続けることが不可能である以上、権限の委譲により多くの担い手を育て、現場の末端までその精神が浸透することで、刻々と変化するそれぞれの現場の状況に応じて、予算の編成や執行に限らずとも、わざわざ大脳中枢にお伺いを立てず脊髄反射的に現場で反応できる組織になる。枠配分予算による組織の自律経営は、そんな組織を育てるための手法なのです。

27

風が吹けば桶屋が儲かる

（1）予算編成で最も議論すべきこと

　これまで枠配分予算の仕組みによって、予算編成における全体最適が図られることを述べてきましたが、個別の事業についてはどうでしょうか。財政のプロがきちんと目利きの役目を果たさなければ、という方もおられるのではないかと思います。私は、財政課に頼らなくても現場の裁量で個別の事業を磨きげることが可能だと考えています。

　では、予算編成の過程で我々が最も議論すべきことはなんでしょうか。

　市民が納めた税金の使い道を決める以上は、何のためにお金を使うのか、その目的は市民が実現したい事柄か、その目的達成のために選択する手段が適切か、といった政策への評価についての議論が必要ですが、この「政策の評価」については、市民の日常生活で話題になることはほとんどありません。ひょっとすると一般的な市民は「政策」というものが備えるべき論理の構造や政策を評価する際の基準や視点といったものを持ち合わせていないということかもしれません。

　我々の周りには市民が納めた税金で整備・運営されている施設、税金を原資に提供されているサービスがたくさんありますが、それは何のために行われているか、どうして税金がその原資になっているか考えたことがありますか？

　私は財政課在籍時にさんざんその議論をしてきました。自治体が行うあらゆる施策事業の目的を明らかにし、その目的を実現することの必要性、緊急性、公共性、さらには目的を達成する手段としての効率性、代替可能性、適法性など、税金を使って市役所が行うことの妥当性をチェックしてきました。この議論を通じて詰めていたのは、市民が納めた税金の使い道が、本当に市民みんなのためになっているのか、それは納税者である市民

にきちんと説明し、納得してもらえるのか、ということの確認でした。

　そして私は思っていました。我々公務員自身がこの議論をおろそかにしてはいないか。行政組織の意思決定に至る過程に介在する我々公務員がその議論をおろそかにし、政策の意義や効果について市民の理解が必要だと十分に認識をせず、その説明責任を果たしていないからこそ、市民や市民の中から選ばれる議員、首長の中に「政策」とは何か、「政策」たるものは何を備えてなければならないか、という認識が希薄な人たちが現れるのではないかと。

（2）政策とは壮大な社会実験

　ではあえて問いますが、「政策」とは何でしょうか。

　政策は行政目的達成の手段であって、その目的の正当性と手段の妥当性がなければならない、それを事業担当課が予算要求時に財政課に説明するだけでなく市民や議会にきちんと説明できるようにならなければいけない、というようなことを私はいつも述べてきていますが、そうすると私が今流行りのEBPM（Evidence-based Policy Making、エビデンスに基づく政策立案）の信奉者のように思われがちですが、実はそうでもありません。

　もちろん、政策立案にあたっては、統計データに基づき科学的に分析された課題認識に基づき立案されるべきこと、課題解決の手法検討においてはその課題の解決と採用しようとする手法との間に相当の因果関係を持つロジックモデルを構築すべきこと、分析統計の手法を用いて当該政策がもたらす社会的インパクトをあらかじめ推計し、その効果期待によって政策への投入資源や手法を選択すべきこと。そして実際に政策が実施された後にその効果を測定し、課題解決に資する取り組みであったかどうか、手法構築時のロジックモデル及び社会的インパクトの推計について検証を行い、すでに選択した政策実現の手法について必要な修正を講じていくべきこと、これらはすべて理想論として正しいということを理解しています。

　そうは言っても、政策が生身の人間、実際の社会を相手に行う壮大な社会実験である以上、実験室の中で行う実験や巨大な電子計算機による演算とは異なり、どこまで理想を追い求めたとしても机上の空論にとどまってしまうだろうというのが私の正直な感想です。

（3）データ重視の落とし穴

　これまで国や地方自治体が行ってきた「政策」においてあまりにもデータやロジックモデルがおろそかにされてきた結果、その効果測定も手法検証も不十分であったということは事実で、これをあらかじめ検討することで検証可能な仕組みにするということには意味があると思います。

　しかし、EBPM をエビデンス＝証拠に基づく政策立案と文字通り読み、これを証拠＝データだと偏った理解のまま進めると、実験室での純粋データではないことや採用できる測定方法に限界があること、社会の状態をすべてデータでとらえて表現することが困難なことなどから、データの信ぴょう性や証拠としての能力に疑義を抱く人も多く、一方で、測定データに基づく目標を掲げた場合に成果未達の咎めを回避するために目標達成の基準を恣意的に引き下げるということも起こりかねないなど、データだけに頼ることで判断を誤るという側面もあります。

　最近は国の補助金、交付金を受ける場合に KPI（重要業績評価指標）を掲げることが当たり前になってきましたが、何を指標としておくかによっては事業の成果そのものではなく KPI として置いた指標の達成に一喜一憂してしまうような状況もあり、データ至上主義、EBPM 礼賛の風潮そのものも眉唾もののように感じるときがあります。

（4）大事なのはロジックモデル

　むしろ、私が重視したいのはロジックモデル。政策の実現手段についての論理展開です。課題解決の手段として採用する方法が、どうして課題解決の手段たりうるのか、を論理的に因果関係として説明できることが一番大事で、それが今最も政策立案の議論で欠けていると思っています。EBPM とは「こうやればこうなる」という因果関係を政策の実現手法立案の根拠として用いることで、データはその過程で現状認識や試算、推計に基づく効果測定が行われる際に用いられるにすぎないと理解しています。

　大事なのは、なぜ風が吹けば桶屋が儲かるのか。「風が吹く」「砂埃が舞う」「砂埃が目に入って盲人が増える」「盲人は三味線で生計を立てる」「三味線の胴を張る猫の皮の需要が増える」「猫が減るとネズミが増える」「ネズミが桶をかじる」「桶がたくさん売れて儲かる」

この因果関係に矛盾や無理がなく、手法と課題解決の間に相当な因果関係があることを多くの人が確からしいと感じることだと思うのです。

　コロナ禍の中で行われた首長選挙で市民全員に5万円を給付するという公約が掲げられ話題となりましたが、この公約、「政策」としてはいかがでしょうか。5万円の給付で何を実現しようとしているのか。実現しようとしている社会の姿に対して給付がどのように影響を与えるのか。その影響は給付の目的、期待する効果と明らかな因果関係を持つのか。給付によって解決しようとしていた課題はどの程度解決するのか。その解決の程度や確からしさに比して、その給付に必要な予算額は適切か。

　政策を立案し実施する者が自らこのロジックモデル、論理展開を公言し、課題解決の道筋を市民に約束すれば、これを誠実に履行する必要が生じ、その成果が客観的に検証できますが、市民への現金給付はそういう意味で果たして「政策」なのでしょうか。

（5）ありたい姿にたどり着く道筋は

　市民に現金を給付することは政策の実現手法であって、政策が実現する社会の姿を描いたものではありません。政策立案時に実現したい未来、ありたい姿を提示し、その実現に向けて適切な手法を提案する。あらかじめこれらのことが示され、議論され、多くの人が納得しておけば、政策を正しく評価することができます。

　政策は未来のありたい姿を実現することが目的です。やることを約束するのではなく、未来のありたい姿とその道筋を示すこと、そしてその道筋を誠実に真摯にたどり、その姿勢を市民に見てもらうことが政治も行政にも求められているし、その政治や行政の姿勢、ありように市民が共感して政治家に投票し自治体に納税する、そんな世の中にならなければと思いますし、そういうことをきちんと予算編成過程で議論しなければならないし、それは財政課に任せてしまうことではないと思っています。

　皆さんの自治体の「政策」のロジックモデル、きちんと語れますか？

　ちゃんと「ありたい姿」にたどり着けますか？

　その道筋をちゃんと議論し、共有していますか？

28

やるべきことをやるだけ

（1）東京五輪は成功だったのか

　市民から集めた税金を使う以上、「政策」はその目的をきちんと果たしたのか常に検証されなければなりません。

　そこでちょっと例を出して考えてみたいと思います。東京オリンピック・パラリンピックは果たして成功したといえるでしょうか？

　2020年に開催する予定でしたがコロナ禍の中での1年延期、それでも感染拡大真っただ中の首都圏で、緊急事態宣言下で完全無観客という異常事態での開催は本当に大変だったと思います。関係者の皆さん、お疲れさまでした。選手の皆さん、感動をありがとうございました。

　さて、この東京五輪開催は成功だったのでしょうか？

　いや、そりゃあんなに大変な中であれだけの大きなイベントを最後までやり遂げたんだから成功と言ってあげないとかわいそうでしょ、とか、選手の頑張る姿を見て励まされた、元気が出た、だから自分は成功だと思う、とか、逆にこのコロナ禍の中、感染拡大防止と真逆のメッセージ発信になったのはまずかった、とか、関係者がいろんな不祥事を起こした、とか、皆さんいろんな意見がおありかと思います。

　私が言いたいのは、東京五輪開催を仮に行政が行う一つの政策、事業と見立てた時にどう評価するか、という話です。

（2）やることそのものは目的ではない

　政策や事業の成功は何の物差しで測定し評価すればいいのでしょうか。

　「やるべきこと（五輪の場合、予定種目の開催）」をすべてやりとげたら成功というわけではなさそうです。

　なぜなら「やるべきことをやる」ということが目的なのではなく、ある

目的を達成するために「やるべきこと」を手段として選択し、それを実施しているに過ぎないからです。

　例えば、待機児童解消のために保育所をつくる、という場合、保育所を作るのは手段であって、目的は待機児童の解消です。どれだけたくさん保育所を作ったところで、それが利用実態を伴わず、待機児童が解消されなければ、事業として成功したとは評価されません。

　では、東京五輪開催の目的は何だったのでしょうか。その目的は五輪開催という手段によって達成されたのでしょうか。

（3）東京五輪は社会の何をどう変えたかったのか

　五輪開催の究極の目的は「スポーツを通した人間育成と世界平和」ですが、これを目的ととらえ、それが達成できたのかどうかを測定することは難しそうです。なぜなら、この目的は五輪開催にみによって達成されるものではなく、また五輪開催によって社会のどの部分にどのような影響を与え、それがどう変容することによって目的達成に影響を及ぼすかというロジックモデル、政策の実現手段についての論理展開が不明確だからです。

　「風が吹けば桶屋が儲かる」で私は、政策というものは、ある社会課題を解決するうえで、その手段として採用する方法が、どうして課題解決の手段たりうるのかを論理的に因果関係として説明できることが一番大事と述べました。大事なのは、風が吹くことではなく、なぜ風が吹けば桶屋が儲かるのか。「風が吹く」から「桶がたくさん売れて儲かる」に至る因果関係に矛盾や無理がなく、手法と課題解決の間に相当な因果関係があることを多くの人が確からしいと感じることだと思うのです、と。

　では、東京五輪開催は、社会の何をどう変えたかったのでしょう。

　「東日本大震災からの復興」「人類が新型コロナに打ち勝った証し」などというスローガンが掲げられましたが、この実現とは私たちの社会のどの部分がどう変化することだったのでしょうか。また、それができたのかできていないのかを、何を尺度にどうやって測定するつもりだったのでしょうか。国際的な大規模イベントとして、開催準備から開催に至る各種の公共事業や国際的な人・モノの流れがもたらす経済波及効果はどの程度見込まれていて、それは実際にどの程度得られたのでしょうか。

もちろんコロナの影響で見込み違いになった部分はあるでしょうが、評価検証するうえではこういった指標の比較も必要でしょう。そもそもオリンピックの本来目的であるスポーツの振興、スポーツを通じた人間育成についても、それが行政の行う施策であるならばきちんとKPIを立て、誰がどうなることを目指していていたのか、それは実際にそうなったのかを施策評価として検証する必要があると私は思います。

（4）何を目指したのか　それは実現できたのか

　行政が行う政策の本論に戻ります。私たちはなぜ政策や施策事業をきちんと評価しなければいけないのでしょうか。

　政治家にとっては、掲げた政策を実現できたかどうかは政治生命にかかわりますが、自治体職員はその評価が自分の生殺与奪につながるわけではありません。しかし、私たち自治体職員は、地方財政法第4条で定められた「地方公共団体の経費は、その目的を達成するために必要且つ最少の限度をこえて、これを支出してはならない」という予算執行の原則を遵守する必要があります。すべての公費支出には「目的を達成」する義務と「必要且つ最少限度」に抑える義務が課せられているのです。

　したがって、目標を達成したかどうかは必ず評価されねばならず、仮に達成したとしてもそれが必要かつ最少限度の支出であったのかが問われ、目的を達成できていない場合、あるいはその経費が必要かつ最少限度の額でなかった場合には、なぜ目標達成できなかったか、なぜ経費を最少限度に抑えることができなかったのかを考察し、より効果が出る方法、より効率的な方法へと「やるべきこと」を見直すことが求められているのです。

　厳密にいえば東京五輪は行政の施策ではなく、ここで述べた話もたとえ話ですが、私たちが日ごろの業務で取り組んでいる施策事業はどうでしょうか。

　例えば3年前に自分が担当していた事業の評価を、上記の視点で行ってみてください。事業の目的は何をどのような状態にすることでしょうか。

　3年経って今、その目的は達成されているでしょうか。それはきちんと測定できているでしょうか。

　多くの場合、「良好な」「適切な」「積極的に」といった定性的な語句で

飾られたポエムのようなあいまいな目標水準を掲げていて、「推進する」「目指す」「図る」などその到達を名言しない逃げ道を用意しているおかげで、目標達成について定量的に測定評価しないで済ませている、逆に言えば定量的に評価することができないのではないでしょうか。

　そして、評価をあいまいにすることで、やり方も体制も投入資源も見直されず、ただ事業概要に掲げられた「やるべきこと」の実施だけに意義を見出し、粛々と「やるべきことをやるだけ」が継続されているのではないでしょうか。

　毎年度繰り広げられる財政課と現場との予算折衝、あるいはどの自治体も行っている議会での決算審査で、過去の事業の成果についてどれほど論理的に語られているでしょうか。

　予算を何にいくら使ったのかではなく、それで何が実現できたのか、それは当初から目指していた効果なのか、それは最も効率的な手法だったのか、という議論が行われ、その議論がよりよい予算編成につながっていくことを期待したいと思います。

目玉施策は誰のため

（1）「少子化対策としての子育て支援」への違和感

　政策の目的を手法、成果との関係について、少し具体的にお話ししたいと思います。

　「少子化対策として子育て支援に力を入れる」

　最近あちこちでこの手の政策立案を耳にしますが、一地方自治体の政策としてはどうも違和感がぬぐえません。「少子化対策＝子育て支援」という政策立案はまさにこの論理展開、ロジックモデルが欠落していると思うのですが、皆さんいかがでしょうか。

　少子化という言葉が表現する「課題」とはいったいなんでしょうか。国レベルでの課題認識はさておき、地方自治体として「子供の数が減る」ことは、それ自体が問題なのかということ。多くの方の問題意識は、ある地域において子どもが減ると将来の地域人口の減少につながり、将来その地域で経済を支える労働力や自治体経営の基礎となる税収が減少し、地域での生活や行政サービスが立ち行かなくなる、という懸念なのでしょう。

　しかし、そういう懸念ならばそれは「子どもの減少」ではなく「地域における将来の労働力減少」とそこから生じる「地域における将来の税収減少に伴う行政運営財源の不足」が課題なわけで、取り組むべきは「将来の労働力の確保」と「将来の税収減少に見合う行政の効率化・スリム化」です。将来の労働力確保の一方策として、現在及び将来の子どもが減らないように、あわよくば増えるように、行政が子育てを支援するという選択肢があるにはありますが、それは短絡的にイコールで結ばれるものではなく、将来の労働力確保を導く因果の一つでしかありません。

　しかも、将来の労働力確保のために子育て支援に取り組み、子どもが増えたからと言ってそれが地域に定着し、地域における将来の労働力につな

がるかはわからないという因果関係の不確かさを認識し、子育て支援は必ずしも少子化対策の有効な切り札とはならないことを理解しておく必要があると思うのです。

（2）子供の減少が課題とされるのはなぜなのか

　仮に少子化を課題ととらえるのであれば、それは、子どもの減少そのものを課題と捉えるのではなく、子どもの減少がインジケーターとして示す何らかの社会の動向を読み取り、それを課題としてとらえなおす必要があると考えています。では、地方自治体において子どもの数が減るということは何を表しているのか考えてみましょう。

　子どもの減少が子どもを産み育てる現在の父母世代の人口減少を示すインジケーターである場合には、当該父母世代が地域で担う労働力の減少やそれに伴う税収減こそが喫緊の課題であり、その転出による社会減を食い止め、あるいは移住人口を呼び込むために、就学・就労や居住環境などの改善を図ることになるでしょう。

　このような課題認識のもとで、保育や医療の無償化等の子育て支援策を充実させてその地域での暮らしの質を上げ、魅力を高めるという話は時々耳にしますが、その場合に行われる子育て支援策は、出生数を増やして子どもを増やすという目的で実施されるものではありません。

　父母世代の人口減少分を自然増で補うために今後の出生数を増加させる施策を打っても生まれた子供が父母世代になるのは20〜30年後ですから、喫緊の課題解決のためには他地域からの父母世代転入による社会増を図るしかないからです。したがって、父母世代の人口減少を食い止めるために行われる子育て支援策の成果は子どもの数で測定するのではなく父母世代の数で測定することになり、当然、政策推進において掲げる目標の設定も同様に、父母世代の数を指標としなければならないはずなのです。

（3）子育て支援は個人の自己実現の支援

　では、父母世代が減っていないのに子供が減っている場合は、子どもの減少は何を表しているのでしょうか。

　子どもを産まない親、子どもをたくさん持ちたがらない親が増えている

ということを表しているのでしょうが、それは貧困や社会環境によるものか、それとも個人の価値観なのか。子どもを産まない、たくさん持ちたがらない理由が経済的事情、あるいは子育て環境の不備によるものなのであれば、この場合、子どもの減少は「子を産み育てたいのにできない市民がいる」という課題としてとらえなおすことができ、そういうものが足りない人たちに対して、個人の望む自己実現を支援するという観点で環境を補うことは住民福祉を向上させる政策としてはあり得るでしょう。

　少子化対策と子育て支援施策はよく混同されるのですが、子どもの数を増やすことを目的とした少子化対策と、個々人の望む子育て環境を整備し子育てを支援する子育て支援施策とは似て非なるもの。少子化対策は子どもを増やすという社会的な要請に応えるものですが、子育て支援は子を産み育てたいという個人の自己実現をサポートする、少子化対策とは全く違うベクトルの施策です。したがって、子育て支援は誰のための施策なのか、誰がどうなれば施策の成果が表れたということになるのかという視点が重要になります。

　子育て支援によって個人の自己実現に寄り添うのであれば、いろんな環境に置かれた個々人が、それぞれ育てたいと希望する子どもの数を完全に実現することが地方自治体の責務なのかという点についても考える必要があります。市民の納めた税金で行政が個人を支援するのであれば、その個人が自己実現として求める欲求の水準についての一定の社会的容認が必要で、この社会的に容認される水準の自己実現について、行政の支援がなければできない人や場合に対象を限定すべきというのが私の考えです。当然、子どもを持たないことが個人の価値観によるものである場合、行政の施策でそれをコントロールすることは難しいでしょう。

（4）「少子化対策」 ≠ 「子育て支援」

　少子化対策や子育て支援の議論をするときに、合計特殊出生率と個人が育てたいと希望する子どもの数との差を挙げ、その理由としてアンケートなどで経済的な負担や子育て環境の不備が挙がっていることを子育て支援策の充実の論拠とすることがありますが、これも課題や目的を明確化しないまま手法を論じている例のひとつです。

子育て支援を個人の自己実現の支援として行うのであれば、市民全体を十把一からげにした合計特殊出生率と希望する子供の数との差で課題を認識するのではなく、支援を必要としている人に焦点を絞り、困っているのは誰なのか、そこに対してどこまでやるのか、ということが論じられねばならず、その対象層を支援したとしてそれは自治体全体の出生率を押し上げるほどのインパクトがあるのか、ないとすれば成果をどの指標で測定するのかという議論になるわけです。

　社会的要請に応える少子化対策として行うのであれば、その課題を示す指標として合計特殊出生率を使うことに一定の意味はありますが、それを押し上げようとしたときに、子育て支援を充実すればみな父母になるのか、もう一人子を産むのか、という、施策と出生率との因果関係を議論しなければなりません。社会へのインパクトを求める少子化対策と、個人の願望にアプローチする子育て支援策は、まったく理念も目標も成果指標も異なるのです。

（5）誰がどういう状態になれば解決したといえるのか

　社会全体で子どもを育てることを推奨し、子どもを中心とした社会を実現するという理想を掲げることを否定しているわけでは決してありません。政策とは必ずしも短期的な課題解決のために行われるべきものではなく、長期的な視点で理想を掲げ、それを追い求めていくという性質のものもないわけではありませんが、それはそれとして、いつまでに何を実現すればいいのか、そのためにどういう手法が適切かということを、同じ理解でそろえておく必要はあります。

　子育て支援という政策は万人受けするのでどの自治体でも目玉施策として掲げられがちですが、それはどんな課題を解決するために行うのか、その課題は何を見ればその存在がわかるのか、誰がどういう状態になればその課題が解決したといえるのか、その効果発現のために最も適切な手法は何なのか、という点につき論理的に詰めておかなければ、せっかくの取り組みが適切な効果に結びつかないばかりか、ムードに流されて砂漠に水をまくようなことになりかねないと危惧しています。

⬡30⬡

ゼロサムゲームか焼け石に水か

（1）移住・定住政策に潜む罠

　少子化対策と子育て支援について、解決すべき社会課題としての認識の
ずれからくる手法のずれについて述べさせていただきましたが、迫りくる
人口減少に対して全国各地の自治体で講じられている「移住・定住政策」
についても同じようなことが言えるではないでしょうか。

　少子化同様、人口減少に対する多くの方の問題意識は、その地域で経済
を支える労働力や自治体経営の基礎となる税収が減少し、地域での生活や
行政サービスが立ち行かなくなる、という懸念です。

　そこで「労働力減少」を課題としてとらえ「労働力の確保」のために他
地域からの移住・定住を促進する。そこには、少子化対策として考えられ
ている「子どもの減少」に対応するための「親となる世代の確保」も企図
されていることでしょう。ある地域の人口が減るという課題に対し、それ
を他地域からの移住・定住で補おうという発想はロジックとしては間違っ
ていません。しかし、現に自治体が抱える課題の解決手法としてはいかが
なものでしょうか。

（2）　ゼロサムゲームか焼け石に水か

　「移住・定住政策」は、自治体人口の減少への対応策としてとらえたと
きに大きく二つの難点があります。その一つは「ゼロサムゲーム」、もう
ひとつは「焼け石に水」です。日本全体が人口減少局面に入り、自然増で
は今後再び国としての人口増加に向かうことがないことが明らかな昨今、
外国からの移民受け入れ以外のすべての人口移動はどこかが増えた分どこ
かが減る、いわゆるゼロサムゲームです。

　どこかの地域が「移住・定住政策」で成果を上げ、他地域からの移住人

口を確保したとしても日本全体では同じことなのだから、各自治体で税金を使って血道をあげるのは無駄なのではないかという意見をよく聞きます。私はこの意見に賛同しますが、だからと言って各自治体が「移住・定住政策」で競うことは、やり方にもよりますが自治体間競争そのものは悪いことだと思いません。その理由は後に述べます。

　同じく「焼け石に水」という理論。自治体の人口減少は年を追って深刻化しており、そのスピードはちょっとやそっとの移住人口確保では補いきれず、結局人口減少を鈍化させる程度にしか機能しません。また、他地域からの移住相談に真摯に対応し、やっと家族そろっての移住が果たされたとしても、移住してきた家族のうち、子供たちが成長して再びその地を離れることは否定できません。

　このように考えれば、「移住・定住政策」は社会全体で大きく人口減少が続く中でこれを食い止め補う力を持たないというのが「焼け石に水」という考えです。私はこれにも賛同しますが、だからと言って「移住・定住政策」がまったく意味がないとは思いません。

　ポイント29の少子化対策と違い、今度はずいぶんと「移住・定住政策」をかばうじゃないか、と違和感を覚える方も多いでしょう。
実はこの違和感は、皆さんと私の「移住・定住政策」についての認識の違いからきているのです。

（3）移住・定住施策で何を実現したいのか

　各自治体で「移住・定住政策」と呼ばれている施策は、移住相談の窓口を設け、相談を受け付けて移住に結び付けるための職業や住居をあっせんすること、その他移住してくる人が暮らしやすい環境を整えることが中心です。もちろん、そのような取り組みを進めていることや、地域の住環境、就労環境の良さを対外的にPRし、自分たちの地域への移住・定住に関心を持ってもらうことについても、どの自治体も一生懸命やっています。

　そうやって広報し、相談を受け、様々なあっせんのお世話を経て移住が成就した暁には「市外からの移住者○○人」と高らかに成果を宣言することになるのですが、この取り組みの中で最も大事なこと、つまり解決すべき課題の原因に迫り、これを排除改善する働き、政策の目的を実現する取

り組みはどれでしょう。対外的な PR ？相談窓口の設置？職業や住居のあっせん？実はそのどれでもないと私は考えています。

「移住・定住政策」で一番大事なのは「暮らしやすい環境の整備」です。

なぜなら、「移住・定住政策」は、「子育て支援」と同様に、人口減少に抗う社会的要請に応える人口増加の効果はわずかしかなく、しょせん移住したいと思う人個人の自己実現を応援するという効果しかないからです。

自然の多い環境で子どもを育てたい、通勤ラッシュから解放されたい、会社勤めをやめて農業や漁業、伝統産業などに従事したい、生まれ育った故郷で先祖が残した家や土地を守って暮らしたい、などなど移住を望む人たちの声はいずれも個人的な願望の実現です。

だからこそ、移住という成果を上げるためには彼らが望む新たな人生を実現する「暮らしやすい環境」を整備しておくことがなによりも必要で、そのことがこの施策のユーザー満足度を高めると私は考えています。

しかし、ここで疑問が生じます。自治体が市民の税金を使って、個人の夢を実現してあげるのはなぜか。しかも、税金を使う時点ではその自治体に住んでいない他地域の住民のために。それは、彼らが移住してきて納める税金で賄えるものなのでしょうか。

（4）移住・定住施策は誰のため

ここに「移住・定住政策」が向き合うべき真の課題が明らかになります。

「移住・定住政策」で一番大事なのは「暮らしやすい環境の整備」と言いましたが、これは移住者にとって暮らしやすいというだけでなく、今そこに住む住民にとっても暮らしやすい環境でなければなりません。なぜなら、地域における人口減少は、現在そこに暮らす住民がその地域で暮らしていくことの難しさを感じていることにその原因があるからなのです。

過疎化で鉄道やバスが廃止になり公共交通での移動が困難になる。病院や学校がなくなり、町の外に出なければ日常的なサービスが受けられない。こうした課題認識からより暮らしやすい環境を求めて地域を去る人たちを無理に引き留めることはできませんが、そうした課題がありながらも、地域を愛し、地域に残る人たちに、その地域ならではのよりよい暮らしを提供することが「移住・定住政策」の真の目的でないか。

人口減少という課題の解決手段として、他地域からの「移住」政策を考えるのではなく、現在の人口を減らさないための「定住」政策をベースに考え、そのために可能な限りの環境改善を図ることが、課題解決のためにとられるべき最も適切な手法なのではないか。私は「移住・定住政策」の真の狙いをこのように考えているのです。

　したがって、「移住・定住政策」は減少する人口を補う移住人口の数で競うのではなく、暮らしやすさの自治体間競争です。

　現在住民ではない人の自己実現だけをサポートするのではなく、現在の住民がそこに暮らし続けたいという願いを実現するために尽力し、その結果整備された暮らしやすい環境に魅かれて外部からの移住者が現れる。外からの移住者の数は、その地域の暮らしやすさを外部から評価したインジケーターの役割を果たし、その数が多いことは外部からの評価が高いことを意味しますが、その数は他と競争できるものでもその地域の人口減少数と比較するべきものでもありません。

　「移住・定住政策」は移住者の数だけ見ればゼロサムゲームですが、その競争の中でそれぞれの地域が自らの個性を磨いてよりよくなろうとするモチベーションが維持されることは大いに結構なことですし、人口減少を食い止める効果のない焼け石の水のように見えて、実は国全体が人口減少する縮小社会の中でも個々人が自分に適した地域でよりよく生きることができる Well-being の実現に不可欠な、地域単位での取り組みなのだと思っています。

31

腰抜けたちの度胸試し

（1）暮らしやすさの自治体間競争

　政策の目的と手法、成果との関係性について具体例を挙げ、少子化や人口減少をめぐり地方自治体が講じる対策の在り方に一石を投じてきましたが、皆さんいかがお感じでしょうか。

　少子化、人口減少に抗うために、と各自治体が躍起になって子育て支援や移住定住政策を進めていますが、それってホントに子どもを増やし、人口を増やすことができるのか。それぞれの施策は、子どもを増やすため、人口を回復させることが目的ではなく、個人の生き方をサポートし、自己実現を図ることでしかないのではないか。そうだとしても、それはそれで住民福祉向上を目的とする地方自治体の責務の範疇であり、そこに意義を見出し、政策推進を支持する市民は多いことでしょう。

　移住・定住政策も子育て支援も、減少する人口を補う施策としてその数で競うのではなく、暮らしやすさの自治体間競争ととらえればよい。

　人口減少を食い止める効果のない焼け石の水のように見えて、実は国全体が人口減少する縮小社会の中でも個々人が自分に適した地域でよりよく生きることができる Well-being の実現に不可欠な、地域単位での取り組みなのだと考えればよい。

　そう考えればやる意味はあるし、その効果も住民がその地域で暮らすうえで求める自己実現への満足度で測ればよいということになります。

（2）自治体間競争がはらむリスク

　とはいえ、この手の自治体間競争には陥りやすい罠があります。

　それは、住民の求める自己実現をどの程度まで公共が支援するのかという問題。無尽蔵に財源があるわけではなく、あったとしてもどこまでも個

人の欲望を満たし続けることが公共として適切でないことくらい誰でもわかりますが、じゃあどこまでやればいいのか、どこで線を引きブレーキを踏むのかという話です。

　今、保育や医療、給食費など、子どもの養育にかかる経費について親の個人負担を極小化し、あるいは新たな給付を行う動きが全国で見られますが、二つの観点から注視していく必要があると考えています。

　一つは「バラマキ」にならないかという懸念。行政サービスの拡充や給付の拡大は、その時点で大変市民に喜ばれますが、その後の自治体運営、特に人口減少や高齢化による社会保障費の増大などにより、自治体財政が悪化し、行財政改革を進めなければならなくなったときに大きな足かせとなるリスクを考えてみましょう。

　行財政改革を進めていくうえで最大の難敵は「バラマキ」施策です。「バラマキ」の厄介なのはその特徴である対象の広さと給付の常態化です。対象の広さ、給付の常態化は、行政施策として致命的な欠陥となる「施策効果の見えづらさ」をもたらします。このような「バラマキ」施策は対象者が幅広いため導入については広く賛同が得られやすい一方、効果が見られないなどの理由で見直しを掲げると多くの対象者が反対するため、多数決を前提とした議論では見直し派には勝ち目がありません。

　本来、我々が納めた税金の使い道を決める以上は、何のためにお金を使うのか、その目的は我々が実現したい事柄か、その目的達成のために選択する手段が適切か、といった政策への評価が必要ですが、そもそも市民目線でいえばそれぞれの施策事業の目的と手法の整合性や、手法そのものの妥当性について、自治体内部でしっかりと議論されていたとしても、それがどこまで市民の皆さんに伝わっているでしょうか。

　そのうえ、そもそもこういうバラマキ施策は他人のお金だと思っているものが自分の懐に入るという個人的な損得勘定のおかげで、市民の政策への評価、判断を鈍らせ、その結果、市民は政策に対する評価を十分に行わず「自分がもらえるならいい」と短絡的な判断をしがちです。

（3）to do ではなく to be を

　政策は未来のありたい姿を実現することが目的です。やること（to

do）を約束するのではなく、未来のありたい姿（to be）とその道筋を示すこと、そしてその道筋を誠実に真摯にたどり、その姿勢を国民に見てもらうことが政治も行政にも求められているし、その政治や行政の姿勢、ありように市民が共感して政治家に投票し政府、自治体に納税する、そんな世の中にならなければと思います。

　翻って、今、各自治体が講じている子育て支援や移住定住促進のための施策は、やること（to do）を約束するのではなく、未来のありたい姿（to be）とその道筋を示しているでしょうか。前に述べたような、人口減少を食い止める策であるかのような混同で政策の目的と実現したい未来の姿をぼやかし、何を実現する手法なのかを市民と共通認識をもたずにその場限りのリップサービスを行ってはいないでしょうか。

（4）「バラマキ」の罠に落ちないために

　バラマキは一度始めると簡単にはやめられません。個人への給付になるとみんな下世話になり、「あの人がもらっているんだから私も」「毎年もらえるから」という意識が「もらって当然」になり、もし仮に金額が減ったり対象者が絞られたりということがあれば「なぜもらえなくなるのか」と怒り出します。ばらまいたお金は誰のお金か、何が原資になっているのか、どういう施策目的で社会の何を変えようとしているのかという視点は抜け落ち、多くの人が「もらえて当然のものがもらえなくなる」という極めてプライベートな視点でこの給付見直しを評価してしまいます。

　自分の財布に関わるお金の話になると、それが国や地方自治体の財布とどうつながっているのか、理解できなくなる、あるいは理解しようとしなくなる。これが、自治体間競争には陥りやすい「バラマキ」の罠です。

　この「バラマキ」の罠に陥らないように、政策の目的と効果を明確に論じ、必要最低限の効果的、効率的な施策として実施しなければいけないのですが「そこのけそこのけ少子化が通る」という横車っぷり。

　多くの自治体で政策が目指すありたい姿とそれを実現する適切な手法との因果関係についての議論がすっ飛んでしまっているのではないでしょうか。

　この罠は、将来にわたる持続可能性について懸念を持ち、少し冷静に議

論しなければいけないと思っている良識ある首長でも陥ってしまう恐ろしいものです。なぜなら、そこに「自治体間競争」という旗印が掲げられると、あっちがやるならうちも、こっちがやる前にうちが先に、という意識が住民にも議会にも芽生えてしまい、首長も議会や市民の「よそに負けていいのか」との声に押され、多少のリスクがあったとしてもそれに目をつむり、最低限でも横並び、あわよくば先陣を切ってトップを走りたいという欲望に囚われてしまうからです。

この横並び意識、他に抜きん出ようとする競争心こそが、注視すべきもう一つの観点です。誰だって褒められたいし、勝って賞賛されたいものですが、そうやって互いの限界まで自治体同士でチキンレースを続けた先に待つのは、やめたくてもやめられない多額のバラマキ予算を経常的に抱え、細る税収との収支均衡が図られなくなって困窮する自治体破綻への道。

幅広い対象に多くのサービス、給付を始めることは、多くの市民の期待に応えることである以上、将来にわたってその仕組みを持続していくという決意とそれを裏付ける財源がなければ将来に必ず禍根を残すので、軽々しく実施してはならないし、実施に当たってはこれまで再三述べてきた通り、何のために行うのか、誰がどうなることが施策の成果なのか、その手段は適切で効果的なのかということをしっかり議論し、その議論の過程を検証できるよう後世に遺すことが必要不可欠だと私は思っています。

（5）神は細部に宿る

財政課にすべての権限と責任を集中させ、一人のスーパーマンにすべてを掌握させる手法は、その人材の枯渇や、権限集中によるチェック機能の不全などのリスクをはらんでおり、より持続可能性の高い手法として、財政運営の基本理念を集合知として組織に定着させ、どの組織でも誰が担当であってもその理念に基づく行動ができる組織を作ることが必要不可欠です。

神は細部に宿ります。職員一人一人がそれぞれの持ち場で市民の声に耳を傾け、その思いに向き合うことが、自治体の財政運営全体を適切かつ効率的なものにする。予算編成の手法はともかく、このことだけはすべての職員が肝に銘じるべきことだと思っています。

時間を買う

　JR東海に「ぷらっとこだま切符」という新幹線割引サービスがあります。東京⇔新大阪間の料金は普通車指定席、特急料金を含めて11,100円＋飲み物1本（230円）。ただし、乗車できるのは各駅停車の「こだま」で4時間かかります。一方、「のぞみ」の所要時間は2.5時間で料金は14,720円。「こだま」と「のぞみ」の快適性は変わりませんから、3,390円の料金の差は、1.5時間の価値ということになります。

　この割引サービスは、お得なサービスのように見えますが、裏を返せば、お金持ちは早く移動できる手段をお金で買うことができるということです。1時間当たり2,260円が高いか、安いか？ベビーシッターをお願いしたり、雨の日にタクシーを利用するときなど、私たちは日常生活の中で、しばしば時間の価値（値段）を考えることがあります。

　新幹線の例では、「のぞみ」に乗車せず、1.5時間早く家を出て「こだま」に乗れば到着時刻は同じです。いつもは家でとる食事を車内で済ませ、車内で出張先の仕事の準備などをすれば、時間を無駄にすることなく、さらに、3,390円を別の目的に使うことができます。

　2023年10月、「のぞみ」にあったビジネス向け「S Work車両」が、「ひかり」や「こだま」でも使えるようになりました。これで、席に座ったままWebミーティングや通話ができます。さらに、3人掛け席の中央（B席）にパーテーションを設置し、A席、C席側から、それぞれ1.5席使える「S Work Pシート」が登場しました。いずれも、お金も時間も効率的・効果的に使いたいという乗客目線に立った新サービスです。

　一方、同年11月、開業（1964年）以来続いていた東海道新幹線のワゴン販売が廃止されました。弁当や飲み物の車内への持込みが増え売上が減少していることに加え、人手不足で販売員の確保が難しくなったためです。

　社会や顧客ニーズの変化に合わせて、事業やサービスの「ビルド＆スクラップ」を敢行しなければならないのは、企業も自治体も同じです。（現在、これらのサービスが存在するかどうかはご自身でご確認ください）

第4章

地方公会計制度を
予算に活かす

川口克仁

32

資金仕訳変換表①

●統一的な基準の心蔵部

　地方公会計は、総務省の研究会により様々な角度で議論されてきており、これまで提出された資料を読み解くことが、統一的な基準を理解するための早道です。

　本来は、「統一的な基準による地方公会計マニュアル（総務省）」が基本ですので、じっくり読むことで理解ができればよいのですが、入口で統一的な基準独自の論点である、資金仕訳変換表による仕訳演習があり、これがとっても難しいんですよね。最初の難所ですから徹底解説しておきます。

　資金仕訳変換表は、統一的な基準の元になった「基準モデル」に由来します。「基準モデル」は桜内文城先生が考案されたものですが、コンピュータによる自動処理を前提として作られたものであり、自動処理のための仕訳エンジンとして、資金仕訳変換表が誕生したと考えています。

　この資金仕訳変換表は、一般的な8要素取引を前提とした簿記仕訳と違う独自の考え方に立ちますので、簿記を一生懸命勉強した人ほど理解しづらいところがあります。

　簿記と仕訳の基礎になりますが、取引には、原因と結果という二つの側面があり、これらを左（借方）と右（貸方）に分けてセットで表現していくことを複式簿記と言います。

　仕訳には定位置と結合関係があります。

　取引の8要素は、貸借対照表と損益計算書を要素に分解して借方・貸方として整理したものですが、資金仕訳変換表は、資産（現金・預金）を「資金収支計算書」の勘定科目に置き換えるとともに、純資産の増減については「純資産変動計算書」の勘定科目に置き換えて仕訳をすることで、バランスシート（貸借対照表）と行政コスト計算書（損益計算書）に加え、

仕訳の定位置と結合関係
【取引の8要素（よくあるパターン）】

借方	貸方
資産の増加	資産の減少
負債の減少	負債の増加
純資産の減少	純資産の増加
費用等の発生	収益等の発生

※統一的な基準では、効率的に資金収支計算書を作成する観点から、仕訳上は、資産「現金預金」を同計算書の勘定科目に置き換えて処理することとしていることに留意してください。

※統一的な基準では、要素として「資産」、「負債」、「純資産」、「費用等（費用、その他の純資産減少原因）」及び「収益等（収益、財源及びその他の純資産増加原因）」に区分されます。

出典：統一的な基準による地方公会計マニュアル（総務省）

　資金収支計算書と純資産変動計算書も同時に完成させます。本来は階層が違う勘定科目を同時に並列で処理するので、私はすごく難しく感じます。簿記に詳しい方にお話を伺ったこともありますが、かなり独特な手法であるそうです。

　8要素仕訳ではない、あえて言うと12要素仕訳ですので、基本である8要素仕訳に慣れ始めた簿記3級のレベルだと頭が混乱しがちです。資金仕訳変換表の考え方をマニュアルの最初にもってくると、初学者が躓きやすくなると考えています。コンピュータが裏方で処理するための変換表なので難しく感じますが、統一的な基準の心臓部でもあります。ここは考案者である桜内文城先生の強い思いが垣間見える、統一的な基準のユニークなところです。

33

資金仕訳変換表②

●統一的な基準の理解が難しくなる論点

具体的に資金仕訳変換表を確認してみましょう。

資金仕訳変換表―部抜粋（総務省地方公会計マニュアル）

別表6-4 歳出科目（仕訳複数例）

歳出科目から勘定科目を特定することができないときは、次の例を参考に、取引内容を検討のうえ、科目及び金額を特定して仕訳を行う。

予算科目・ケース	借方			貸方	
	財務書	勘定科目名		財務書	勘定科目名
職員手当等	資与引当金を充当して支払った部分につき、《別表7-1》の仕訳を行う。				
	PL	職員給与費		CF	人件費支出
委託料	1.工事の設計委託、ソフトウェアの開発委託等、資産形成支出が混在している可能性があるので、これを抽出し、資産については、建設仮勘定、ソフトウェア等、科目を特定する。				
	2.自己資産の形成につながらない支出は経費とし、借方計上する。				
（例）ソフトウェア開発支出	BS	ソフトウェア		CF	公共施設等整備費支出
（例）インフラ資産（建設仮勘定）	BS	建設仮勘定（インフラ資産）		CF	公共施設等整備費支出
（例）資産形成以外（事務委託等）	PL	物件費		CF	物件費等支出
工事請負費	1.資産形成支出と費用が混在している可能性があるので、これを分け、費用については、建物、建設仮勘定、科目を特定する。				
	2.資産形成につながらない収益的支出は、PL維持補修費として処理する。				
（例）事業用建物工事	BS	建物（事業用資産）		CF	公共施設等整備費支出
（例）インフラ資産（建物）	BS	建物（インフラ資産）		CF	公共施設等整備費支出
（例）維持補修支出	PL	維持補修費		CF	物件費等支出

98

「財書（財務書類の略）」の欄に BS、CF、NW、PL とありますが、一般の簿記は、BS と PL による 8 要素仕訳ですよね。

例えば市町村税なら、借方は BS 資産の現金が増加、貸方は BS 純資産の増加と理解するのが一般の簿記ですが、資金仕訳変換表は、借方を CF、貸方を NW として記載しています。8 要素仕訳ではないのです。

理解が難しくなる論点がもう一つ存在します。企業会計に慣れているが地方公会計を知らないという方なら、税収がなぜ純資産の増加なのか？PL の収益に該当するのではないかと考える人もいるでしょう。実際、地方公会計でも東京都モデルは、税収を収益として認識します。

別表6　資金仕訳変換表

1　本表は、現在までの検討に基づき作成したものであって、今後の実務経験・検討を通じて、拡充改善されるものである。
2　本表の対象は、歳入歳出（現金取引）に関する仕訳に限定している。非資金・徴収不能引当金、その他の非資金取引等に関する仕訳は（別表7
3　予算科目名に○印を付したものについては、複数の仕訳が発生するため（別表6−3　歳入科目（仕訳複数例））及び（別表6−4　歳出科目（仕訳複数例））を参照されたい。
4　4表で例示

別表6−1　歳入科目（特定）

予算科目名	財書	借方 勘定科目名	財書	貸方 勘定科目名
1.都道府県税、市町村税	CF	税収等収入	NW	税収等
2.地方消費税精算金	CF	税収等収入	NW	税収等
3.地方譲与税	CF	税収等収入	NW	税収等
4.税交付金				
利子割交付金	CF	税収等収入	NW	税収等
配当割交付金	CF	税収等収入	NW	税収等
株式等譲渡所得割交付金	CF	税収等収入	NW	税収等
地方消費税交付金	CF	税収等収入	NW	税収等
自動車取得税交付金	CF	税収等収入	NW	税収等
市町村たばこ税	CF	税収等収入	NW	税収等
都道府県交付金	CF	税収等収入	NW	税収等
ゴルフ場利用税交付金	CF	税収等収入	NW	税収等
軽油引取税交付金	CF	税収等収入	NW	税収等
国有提供施設等所在市町村助成交付金	CF	税収等収入	NW	税収等
5.地方特例交付金	CF	税収等収入	NW	税収等
6.地方交付税	CF	税収等収入	NW	税収等

税収の認識については2つの説があり、純資産の増加と認識するのが持分説（出資説と呼ばれることも）、収益の増加と認識するのが収益説です。
　総務省の基本的な考え方を紹介しておきます。

税収の位置付けに関する持分説と収益説

286. 本基準モデルは、住民から地方公共団体への拠出である税収について、「所有者からの拠出（contribution from owners）」に該当することに鑑み、行政コスト計算書上の収益ではなく、純資産変動計算書上の損益外純資産増加原因として処理・表示することとしている（第54段落）。かかる立場は、税収について、行政コスト計算書を経由しない純資産（持分）の直接の増加原因と位置付けることから、税収の位置付けに関する持分説と呼ばれる。
287. これに対して、住民を地方公共団体の外部に存在する第三者としての顧客として位置付けることにより、税収は地方公共団体が顧客としての住民に対して財・サービスを提供した対価として獲得する収益であると解する立場がある。これは税収の位置付けに関する収益説と呼ばれる。

出典：新地方公会計制度研究会報告書（総務省）

　読者の皆様は、どちらの説が妥当だと思われますか？
　興味のある方は、東京都モデルの主張も調べてみてください。そこから国際公会計基準も調べれば、あなたも立派な財オタです（笑）

予算仕訳

●仕訳の精度向上と事務処理負担の軽減

　コンピュータ処理のための資金仕訳変換表ですが、1細節1仕訳対応にしなければ自動処理が上手く機能しないので手作業が増えます。そこで考えられたのが予算仕訳です。まずは基本になった、桜内先生の考え方を確認します。なお、統一的な基準の元になったのが「基準モデル」です。

基準モデルの実践に向けて
コンピュータによる自動処理を前提とした基準モデル

　基準モデルでは、既存の歳入歳出システムで作成される現金取引情報を徹底的に活用し、複式仕訳をほとんど意識することなく、正確な四表をほぼ自動的に作成することができる。即ち、あらかじめ現行の歳入歳出科目を四表の各勘定科目に割り当てておき、歳入・歳出伝票を、相手科目を現金とする複式伝票に変換する。ただし、現行の歳入歳出科目の一部に、資産と費用・収益が混在している科目があるので、この部分は分解を要する。それでも、これまでの経験によれば、歳入歳出伝票の90％以上が自動仕訳され、四表に展開される。

出典：公会計改革研究会編『公会計改革』（日本経済出版、2008年）

　90％以上が自動仕訳されるとの記述がありますが、これを100％に近づけようとする取組みが予算仕訳です。混在している科目を、できるだけ事前に分解、整理し、仕訳の精度を向上させるとともに、事務処理の負担を

軽減させる取組みです。

　具体的には複式簿記の仕訳に合わせて、歳入と歳出の細節を見直します。理想は「1細節-1仕訳-1性質（決算統計の性質）」対応だと考えていますが、どこまで細節を細分化するのかは団体ごとに検討を要します。細節よりも下位の細々節を見直した団体もあります。予算編成時に基本的な仕訳を完了させることから、予算仕訳と呼称しています。

　細節を見直す際の細かさのレベル感は、取り組んでいる団体によって違います。特に工事請負費関連の整理区分は詳細パターン、簡易パターンがあり、大阪府大東市は簡易パターンで、年度途中においては一旦全て建設仮勘定とみなし、年度末に表計算ソフトで間接費も含め整理しています。

　大東市の平成29年度予算編成は、財政課が細節の整理と予算仕訳を行いましたが、付せん紙仕訳ゲームや予算仕訳などの研修、前年度の要求査定の確認などを通して、平成30年度当初予算では、原課が予算要求の段階で一定の仕訳を完了させました。

　予算編成時は、査定を通して予算の詳細な内容や目的が庁内で最も議論されるタイミングですので、原課と財政担当課が話し合うことで、その予算が資産形成なのかコストなのかについて判断することが可能です。

　単なる「支出」として認識するのではなく、資産形成なのか、それともコストに当たるのかを認識した議論ができること自体にも大きな価値があると私は考えています。

　和光市が提唱する予算仕訳は制度設計が詳細に組まれており、インターネットにも資料が公開されています。詳しく知りたい方は山本享兵著『実践例にみる公会計』（第一法規、2018年）をご参照ください。

予算と公会計の科目の統一化の取組（埼玉県和光市）

事例概要

○ 平成28年度当初予算から、予算科目を細分化して公会計上の仕訳上の勘定科目と一致させる（=予算仕訳）ことにより、固定資産台帳の更新や財務書類等の作成事務の効率化・精緻化を図った。

取組内容

○ 公会計の仕訳においては、歳出を資産と費用に仕訳する作業の処理量が多く、時間を要する作業となる。また、当該処理を正確に行わないと、固定資産台帳に資産の情報が正しく反映されない。

このため、予算編成の段階から仕訳が行えるよう、従来の予算細節を細分化し、予算科目と複式簿記の勘定科目を一致させておき、執行や決算段階での仕訳変換をしなくても済むようにした。

○ 予算細節の見直しにおいては、例えば、公会計上の資産・工事請負費については、付随費用として資産の勘定科目別に細節を細分化し、取得価額に基づいて資産計上できるよう、細節を細分化。委託料については、公会計で資産の取得に係る委託料が全てて特定され、固定資産台帳に登録する対象を確実に把握することが可能となる。

○ 資産の形成に関わる予算科目が全てて特定され、固定資産台帳に登録する対象を確実に把握することが可能となる。

○ 一度設定を行えば、従来の予算編成事務から大きな変更を伴わずに運用できるため、追加的な事務負担は発生していない。

【予算仕訳のイメージ】

<予算請負費の細節の見直し>

No	旧細節体系 名称
01	補助事業費
02	補助単独事業費

No	新細節体系 名称
01	単独事業費（建物）
02	補助事業費（建物）
03	単独事業費（建物附属設備）
04	補助事業費（建物附属設備）
05	単独事業費（工作物）
06	補助事業費（工作物）
07	単独事業費（備品取得）
08	補助事業費（備品取得）
09	単独事業費（造成）
10	補助事業費（造成）
11	単独事業費（当年度未成）
12	補助事業費（当年度未成）
13	単独事業費（維持補修）
14	補助事業費（維持補修）
15	単独事業費（解体工事）
16	補助事業費（解体工事）

<工事請負費の細節の見直し>

旧細節体系 名称
建物の新築や増築に関わるエ事兼請負費
（取付けや付け）工事
備品にあたる工事
（防犯カメラ設置工事など特別）
土地の造成に関するエ事
（土地の取得価額に工事など）
安全度以降に関連するエ事あるもの
（基盤や維持補修など）・部分解体される工事
（緊急工事や老朽道路補修工事が伴う）
資産の解体・撤去を伴うエ事

【作業スケジュール】

平成28年度（導入初年度）	→	平成29年度以降

- 予算編成前に新しい科目体系を検討
- 所管課の予算要求は従来の科目体系で実施
- 予算ヒアリングで工事要求等内容を分析し、財政課が科目体系に修正

↓

- 通常の予算編成事務と同様（公会計対応のための追加事務は発生なし）
- 所管課が前年度の科目体系となった予算科目を参考に新しい科目体系で予算要求
- 予算ヒアリングで、科目が適切かどうについて確認

<委託料の細節の見直し>

No	旧細節体系 名称
01	業務委託料
02	医療業務委託料
03	施設管理委託料
04	施設保持等委託料
05	施設入所等委託料

- 設計・管理等委託料を設計委託業務と管理委託業務に分割
- 設計・監督委託料・測量委託料を新たに追加
- 監理については、基本設計を資産計上するための、「基本設計」と「実施設計」に分類

No	新細節体系 名称
01	業務委託料
02	医療業務委託料
03	施設管理委託料
04	施設保持等委託料
05	施設入所等委託料
06	設計業務委託料（基本設計）
07	設計業務委託料（建物付属設備）
08	監理業務委託料（建物）
09	監理業務委託料（工作物）
10	監理業務委託料（造成）
11	監理委託料（当年度未成）
12	監理委託料（維持補修）
13	監理業務委託料（解体工事）
14	測量業務委託料
15	システム委託料（基本設計）

効果等

○ 資産の形成に関わる予算科目が特定され、固定資産登録対象が確実に把握できるようになった。

○ 資産情報の更新が仕組みとして漏れなく行えるようになった。

出典：地方公会計の活用の促進に関する研究会（総務省）提出資料

35

地方公会計の基礎①

●課題解決のための地方公会計へ

　令和4年度に入ってから、「今後の地方公会計のあり方に関する研究会（総務省）」が開催され、「地方公会計情報の一層の活用方法の検討」及び「専門的な視点から統一的な基準の検証・改善」が進められました。

　研究会は、地方公会計の理解と活用が進まない現状に危機感を抱いており、その原因と解決策を探ることを強い課題としていました。

　読者の方は、統一的な基準について、どのように思われていますか？決算統計のエキスパートである財政担当職員なら、既存の財政情報に強いプライドを持っているかもしれません。資産の把握については公共施設等総合（個別）管理計画があるので、実務的にはこれで十分だという認識があるかもしれません。負債や債務負担行為なんて従前から確実に把握するのが当たり前ですよね。財政担当課以外の職員は、自分には関係がない、よく分からないと思われている方が多いのでは。

　そのような認識になった原因の一つは、地方公会計の活用自体が目的になってしまったからだと考えています。本来は、困りごとがあって、その解決手段として地方公会計が存在するはずなのですが、ボタンの掛け違いにより、活用が強く目的化されてしまった、もしくはそのように見えてしまう状況に陥ったのではないでしょうか。

　ではどうすればよいのか。答えの方向性はシンプルで、活用の前に、自治体が抱える課題を明確に認識した上で、課題解決手法として地方公会計情報が有用であることを示せばよいのです。

　以上を踏まえながら、基礎の説明に戻ります。

　まずは、研究会での資料に沿って説明します。

　〈これまでの議論〉で4つの論点が掲げられています。

　1つ目は、財政担当課が財務書類を作成している場合に特に起きがちですが、補正を含む予算編成事務が多忙で、財務書類の作成に手を回せなくなった現状があります。コロナ禍により、過去最高の補正回数になった団体も多いのではないでしょうか。このような状況の中で、財務書類を後廻しにせざるをえなかった団体は多いはずです。世論的な関心も、デジタル庁の創設やデジタル田園都市国家構想のもと、DXが注目を集めました。

　決算よりも予算という記載について間違いではないですが、決算においても「法令等に基づく決算制度」が優先されることに留意が必要です。地方公会計は法令等に基づく制度ではありません。

　2つ目の財務書類への期待感、役に立たないのではないかという疑念については、全国的に微妙な空気を感じていました。単式簿記・現金主義でバリバリやってきた、特に財政担当課職員には受け入れられにくいものがあるようなのです。総務省研究会でも地方公共団体職員の委員から、「既存財政資料で十分足りるのではないか。」という趣旨の発言がありました。

微妙な感じになった原因はもう一つあります。それは業界間の認識の乖離です。我々地方公務員、それに監査法人、会計事務所、学会、議員で認識があまりにも違うという問題があるのです。

　企業会計のプロからは、複式簿記は単純で簡単に記録できる仕組みだと言われるのですが、簿記3級の私でも単純で簡単だとは到底思えません。これは慣れと資金仕訳変換表の問題があると思います。また監査法人と会計事務所の違いもあります。監査法人は財務書類の作成を丸投げで受託することは基本なく、作成指導に徹するのですが、会計事務所は財務書類の作成を丸投げで受託する傾向にあります。これは役割の違いに基づくものなのですが、地方公会計のあるべき方向性について決定的とも言える見解の相違が生じます。商学を基礎とする学会の方は、地方自治法に基づく実務を軽視するきらいがあると感じます。議員の過剰な期待も常々感じるところです。当然ながら、私たち地方公共団体職員の理解不足もあるのです。

　ただし、最近の動向ですが、会計学会や公認会計士など企業会計サイドによる、地方自治法に基づく予算・決算制度の研究が進み、一方的な大福帳批判は少なくなったと感じています。

　官庁会計よりも企業会計の方が優れているという理解は間違いです。そもそも、求められる役割が違うのです。

　大原則なのですが、行政は議会による統制がとても大切です。そのため、できるだけ分かりやすいように1年間のお金の動きを現金ベースで款項目節に整理して、議会に見てもらう訳です。

　議員には会計のプロもいますが、そうでない方もいるわけで、最大公約数的に分かりやすくしたものが今の地方自治法に基づく予算・決算制度です。

　現金主義・単式簿記を基本として、客観的かつシンプルに歳入と歳出の内訳を整理区分して並べて見せるという考え方自体は全く間違っておらず、それを補完するものとして地方公会計があります。

　次は、地方公会計の意義について再整理された資料です。

　1点目と2点目、官庁会計を補完する役割、現金主義・単式簿記だけでは見えにくいコスト・ストック情報が重要な視点になります。地方公会計情報を部品として活用する場合においても、現金・単式では把握できない

数値を求めて財務書類を分析します。

　具体的な事例を上げると、減価償却累計額と受益者負担比率は、複式簿記・発生主義ならではの数値であり、官庁会計では見えにくい指標を測れます。

　減価償却累計額は、目的別分析の他、施設等の老朽化レベルと今後の更新経費の指針となり、受益者負担比率は他団体と比較することで、当該団体の使用料・手数料等の高低のレベル感を測れます。

　財政状況資料集における、財務書類を用いた比較財政分析も、決算統計と違う視点での分析が可能であり有用です。

参照：財政状況資料集（総務省）

https://www.soumu.go.jp/iken/zaisei/jyoukyou_shiryou/index.html

36

地方公会計の基礎②

（1）地方公会計の意義

　総務省の研究会でまとめられた地方公会計の意義は次の資料のとおりになります。基本的な事項はここに記載されているとおりです。

地方公会計の意義

1. **目的**
   ① **説明責任の履行**
   　住民や議会、外部に対する財務情報の分かりやすい開示
   ② **財政の効率化・適正化**
   　財政運営や政策形成を行う上での基礎資料として、資産・債務管理や予算編成、政策評価等に有効に活用
2. **具体的内容（財務書類の整備）**

   | 現金主義会計 | 補完 | 発生主義会計 |

   ◎ 現行の予算・決算制度は、現金収支を議会の民主的統制下に置くことで、予算の適正・確実な執行を図るという観点から、現金主義会計を採用

   ◎ 発生主義により、ストック情報・フロー情報を総体的・一覧的に把握することにより、現金主義会計を補完

   ＜財務書類＞

地方公会計	企業会計
・貸借対照表	・貸借対照表
・行政コスト計算書	・損益計算書
・純資産変動計算書	・株主資本等変動計算書
・資金収支計算書	・キャッシュ・フロー計算書

   ※ 財政健全化法に基づく早期健全化スキームも整備

3. **財務書類整備の効果**
   ① **資産・負債（ストック）の総体の一覧的把握**
   　資産形成に関する情報（資産・負債のストック情報）の明示
   ② **発生主義による正確な行政コストの把握**
   　見えにくいコスト（減価償却費、退職手当引当金など各種引当金）の明示
   ③ **公共施設マネジメント等への活用**
   　固定資産台帳の整備等により、公共施設マネジメント等への活用が可能

出典：今後の地方公会計のあり方に関する研究会（総務省）提出資料

　特に私が大事だと思うのが、現金主義会計を補完するものとして、発生主義会計があるということです。地方公会計は特別な必殺技ではありませ

ん。まずは予算と法令等に基づく決算制度が重要であり、その次に、発生主義に基づくフルコストの把握があります。現金主義では捕捉できない数値ですから。

　私見ですが、フルコストは必要に応じて把握すれば良いと考えています。フルコストの把握やセグメント分析自体が目的化すると、何のための地方公会計なのか分からなくなって、迷子になりがちです。

（2）財務会計と管理会計

　地方公会計の活用について理解するためには、企業会計の基礎を理解するのが早道です。企業会計には「財務会計」と「管理会計」があり、それぞれ役割が違います。組織外部への活用を財務会計、組織内部への活用を管理会計として理解すると分かりやすいと考えます。「財務会計・管理会計」は検索するとたくさんヒットしますし、評価の高い管理会計の入門書を一読するのもお勧めします。ぐっと地方公会計の活用について理解できるようになります。

財務会計と管理会計の違い

区分	特徴
財務会計	財務会計とは会社法（商法）、証券取引法、税法（法人税法）などの強行法規により、企業に義務付けられている"決算業務"をベースとした、一会計期間の結果の集積であり、財務諸表の作成を主目的としている。 債権者や投資家に対して開示する必要がある。
管理会計	管理会計とは、経営改善目的のための会計である。厳しい経営環境において企業を存続させるため、経営目標を設定し、これを達成するための会計技術である。 外部に開示する義務はなく、経営改善に活かすための内部報告会計である。

出典：堀内智彦著『実践原価管理』（秀和システム、2011年）

37

地方公会計の活用

　地方公会計の活用とは、結局のところ、行政に管理会計を取り入れたかったのではないかと私は理解しています。留意点として、行政にあてはめて考える場合は少し違いがあり、税法などの強行法規による規定がない（当然、税務調査はありません）ので、財務会計については基準と解釈が曖昧でも許容されています。管理会計については、行政情報として開示を前提とすることで、より財務の透明性を図れるものと考えています。

　財務会計と管理会計を意識して、次の資料に目を通してみてください。そう、行政外部での活用が財務会計、行政内部での活用が管理会計になります。

地方公会計の「活用」に対する基本的な考え方

地方公会計の「活用」が何を指すか、共通認識があるとは言いがたい。以下のとおり考え方を整理してはどうか。

○　地方公会計の活用には、2つの視点があります。
・1つ目の視点は、**行政外部での活用**です。これは、地方公共団体の財政活動の結果を住民や議会などの関係者に分かりやすく開示することです。
・2つ目の視点は、**行政内部での活用**です。これは、地方公共団体において財政運営や政策形成の方針を決定するための情報として活用することです。

○　特に行政内部での活用にあたっては、財務書類等をどのように活用するかという視点で考えるのではなく、**地方公共団体が抱える様々な課題を解決するため、参考となる客観的な根拠の一つとして、地方公会計により得られる情報を利用する**、すなわち**目的意識をもって公会計情報を使う**という観点が重要です。

○　この際、財務書類や固定資産台帳自体を活用すること（全体の活用）だけでなく、減価償却額など**記載された情報を部品として使うこと（部分的な活用）**も重要です。

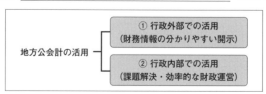

出典：今後の地方公会計のあり方に関する研究会（総務省）提出資料

38

地方公会計情報を部品として活用する

●自然体での地方公会計の活用

地方公会計の部分的な活用について説明します。ここが分かると、自然体で地方公会計から得られるデータを予算編成などの意思決定に活用できるようになります。私は「部品としての活用」と呼んでいます。

「今後の地方公会計のあり方に関する研究会（総務省）」で、令和5年7月に「部分的な活用の促進」という資料が提出されました。本来は当たり前なのに、これまで活用としてあまり認識されてこなかった分野の話になります。

部分的な活用の促進

【論点】
○　財務書類等の情報の一部を活用する、いわゆる「部分的な活用」について、更に進めていくためにはどのような方策があるか。

＜これまでの議論＞
○　中間とりまとめ
・　毎年度実施していた各団体への活用状況調査について、「活用」を認識しやすい選択肢の表現に修正した上で改めて調査を行った結果、活用団体が大幅に増加した。財務書類や固定資産台帳自体を「活用」した認識がなくても、実際にはそれらに記載された情報を利用している状況を把握することができた。
・　財務書類全体の活用だけではなく、部分的な活用（「部品」としての活用）であっても「活用」と捉えることで、活用の認識範囲を広げ、自然体で活用することも重要。

出典：今後の地方公会計のあり方に関する研究会（総務省）提出資料

部分的な活用の活用分野をざっくり整理したのが次の表です。指標の意味を理解すれば、様々な状況に応用が利くものと考えています。

減価償却費に関連する情報、非現金コストを含めたコスト情報が中心になります。従来の官庁会計では見えにくい指標ですね。

決算統計、財政健全化判断比率、各種統計データ、非財務数値などを適切に組み合わせて、管理会計及びEBPMの視点により、予算編成を含めたマネジメントに活用するのが、自然体での地方公会計の活用です。

部分的な活用事例

○　令和5年4月に実施した活用状況調査※において、地方公共団体が回答した具体的な活用内容から「部分的な活用」の事例を抽出。

※「統一的な基準による財務書類の作成状況等に関する調査」のうち「前年度中の財務書類等の活用状況」

活用分野	科目・項目	活用内容
公共施設マネジメント	減価償却累計額、取得価額	固定資産台帳の減価償却累計額と取得価額から算出した施設ごとの老朽化率を一覧化し、施設の見直しの参考とした。
	減価償却費	個別施設計画において方向性を廃止・売却等とした施設について、維持管理費と減価償却費を足し上げたコストを比較して、事業着手の優先順位付けの検討を行った。
	減価償却累計額	固定資産台帳の減価償却額や資産の追加状況を参考に、合併前から存在する同類施設の比較を行い、将来の施設統廃合に係る検討の参考とした。
公共施設に係る中長期的な経費の見込み	取得年月日、耐用年数	将来の施設更新費用の試算にあたり、固定資産台帳の取得年月日や耐用年数を算定基礎として用いた。
公共施設の更新等に備えた基金の積立	減価償却費	毎年度の減価償却費から基金積立額を算出している。
	減価償却累計額	目的別の減価償却累計額を参考に、財政調整基金から各施設関連基金への振り分けを行った。（※大東市・川口委員事例報告（第3回研究会））
受益者負担の適正化	減価償却費等	施設ごとの行政コスト計算書を作成し、算出された純経常行政コストを施設使用料の算定の参考とした。
	人件費、物件費、減価償却費	施設ごとの人件費、物件費、減価償却費等を足しあげた額を、施設使用料の算定に用いた。
	期末簿価	建物の期末簿価に一定率を乗じたものを、施設使用料の算定に用いた。
未利用財産の売却	売却可能区分、取得価額、減価償却累計額	固定資産台帳から未利用財産の洗い出しを行い、取得価額や減価償却累計額等を参考に、処分方針の検討を行った。
	期末簿価	未利用施設の売却にあたり、期末簿価を売却価格の参考とした。

→　これらの情報をより分かりやすい形で（例えば活用場面別に整理するなど）地方公共団体に示してはどうか。

出典：今後の地方公会計のあり方に関する研究会（総務省）提出資料

管理会計から行政評価、 そして EBPM へ

（1）管理会計手法を取り入れる

　管理会計手法を取り入れるという視点で地方公会計を整理したものが次の表になります。

管理会計手法を取り入れる

地方公会計の2つの側面
財務会計⇒統一的なルールに基づき、財務書類を作成・公表する。 管理会計⇒団体独自のルールに基づき会計資料を作成し、マネジメントに活用する。 ※財務会計は、一定のルールに基づき、財務書類を作成・公表し、外部から評価を受ける事が目的。 マネジメントに活用するのは管理会計。

行政で使える管理会計として考えられるのが
①評価をするための KPI を設定（財務書類から算出した経営指標を活用） ②フルコストの算出（人件費の配賦、減価償却費、引当金繰入金） ③セグメント分析（施設別、事業別、地域別、対象者別など） ④責任会計（部局への権限移譲、自律経営、財源配分方式） ⑤原価計算、原価管理（手数料、使用料の適正化） ⑥支出の効果測定

地方公会計制度の導入を通して、民間で研究されてきた管理会計手法にダイレクトにアクセスし、行財政運営の「経済性、効率性、有効性」を高めることが目的である。

　管理会計手法にアクセスし、行財政運営の経済性・効率性・有効性を高めるという発想の起源は、NPM にあると考えています。

　地方公共団体としては、三重県の行政評価から全国的に展開し、現在は様々な見直しが試みられている考え方ですが、現在の行財政改革のあり方を考える上では必ず押さえておきたい論点です。

New Public Management

　経営学や経済学に理論的根拠を置きながら、民間企業における経営手法等を積極的に導入することによって、効果的・効率的な行政運営を行い、質の高い行政サービスの提供を実現しようとするものである。

出典：『国土交通政策研究第17号』「わが国におけるNPM型行政改革の取組みと組織内部のマネジメント」（国土交通政策研究所、2003年）

（2）行政評価の課題

　行政評価と地方公会計は、NPMを母とする兄弟のようなもので、行政評価と枠配分予算編成方式は一組のセットとして、同じ価値観の元で生まれました。

　行政へのマネジメントサイクルの導入の中心になるものが行政評価でした。これは管理会計の業績評価を参考に制度設計が進んだと考えています。業績目標の数値化のためには、財政システムの改革が必要であり、発生主義会計への転換（特にフルコストの認識）と、アウトカム評価の仕組みの導入が必要とされました。

行政評価の制度的背景

　行政評価が生まれた制度的背景に、NPMがあると考えます。

①経営資源の使用に関する裁量を広げるかわりに、業績／成果による統制を行い、そのためには業績評価が必要である。

②行政へのマネジメントサイクルの導入

・業績評価における二つの指標
　Efficiency　※能率性（アウトプットの最大化を図る）　※指標としては活動指標により表現
　Effectiveness　※有効性（アウトプットを通じてアウトカムを改善）　※指数としては成果指標により表現

③財政システムの改革

・発生主義会計への転換
・アウトカム評価の仕組みへ（業績目標の数値化）　※フルコストの認識を前提とする。

④自治体サービスへのベンチマーキング導入

　　　　　　出典：ニュー・パブリック・マネジメント（理念・ビジョン・戦略）　大住荘四郎　日本評論社　1999年
　　　　　　　　（必要箇所を抜粋し再構成）　但し※は川口の私見

　「経営資源の使用に関する裁量を広げる」とはどういうことでしょうか。その具体的な手法の一つが枠配分方式による予算編成です。

114

大東市の施策評価は、平成15年度に一部導入、平成16年度から全庁的に導入しました。評価制度と併せて、平成16年度当初予算編成からは、枠配分予算編成方式を導入しました。

　「経営資源の使用に関する裁量を広げるかわりに、業績／成果による統制を行い、そのためには業績評価が必要である」とするNPMに基づいた考え方のもと、枠配分方式と評価制度をセットとして認識し、制度設計を進めました。

　この行政評価には課題があるとされ、現在、様々な見直しが進められています。

行政評価の課題

著者（西出氏）によると行政評価は機能不全を起こしやすい制度であり、5つの理由があるとする。

①作為的評価行動のごとく、行政職員集団が政策検証の目的ではなく、独自の目的に沿いながら検証作業を推し進める。

②同集団が作為的な検証作業が可能となる制度運用の仕組みを、自らの立場を駆使して整えようとする。

③同作業を助長もしくは支援するような、すなわち政策検証を尊ぶような風潮が行政職員に集団内には芽生えていない。

④政策検証のシステム自体が自らの有効機能を阻害する本質的な問題を具備している。

⑤政策検証のシステムは他の組織管理システムと有機的に連携することが難しく、また実際には連携がなくとも他のシステムには決して支障がない。

出典：政策はなぜ検証できないのか（政策評価制度の研究）　西出順郎　勁草書房　2020年
（付番するなど一部加工）

全国的に、行政評価制度が後退する傾向にあるなか、有効に機能させるために、EBPMが着目されるようになった。

（3）EBPMの活用

　大東市では、平成元年度から事務事業調書の様式の見直しに入り、特に事務事業評価について職員の理解促進を図ることとし、地方公会計及び評価制度に係る庁内研修を強化しました。

　KPIについての理解を深める中で、データに基づいた、より正確な数値、ロジックに基づいた成果指標が必要であると考えるようになり、EBPMに着目するようになりました。

政策により求める成果を数値などにより明確化する、予算の投入と事業手法が成果に結びつく経路をロジカルに説明する、説明は出来る限り客観的なデータに基づくよう努力するという「姿勢」がEBPMであると私は理解しています。従来のKPI経営の延長上にあるもので、ある意味当たり前の考え方を確認しているだけです。

以上の考え方をベースとして、調書にロジックモデルを内在化させるなど、既存の調書や資料をコンパクトに再構成しつつ、作成資料が増えるならば予算インセンティブ制度に活用するなど、提出資料の増加を限定的に留めるのが実務的に妥当だと考えます。

予算編成過程でのEBPMの活用としては、財政担当課が予算をカットすることを目的とするのではなく、有益な事業を展開し、地域の課題解決や住民の生活向上につながる政策を実現するためのコミュニケーションツール、立場が違うもの同士が話し合うための共通の土台として活用するのが良いと考えています（個人的な見解です）。

結局何をするのかというと、KPIベースで事業の目的や成果をデータに基づいて客観的かつロジカルに認識し、話し合うという、当たり前のことをするだけです。地方公会計情報は、客観的な根拠の一つとして活用します。

参照：機動的で柔軟な政策形成・評価を実践する各府省庁に対する支援（政府の行財政改革）
https://www.gyoukaku.go.jp/ebpm/shien/index.html

予算インセンティブと
サービスデザイン思考

　予算と政策の質を向上させ、よりよい行政サービスを形成するための考え方として、サービスデザイン思考があります。

　DX推進を担当する中で知った概念ですが、これからの行政サービスのあり方として重要なものだと実感しています。これまで失敗しがちであった供給者視点を抜本的に見直すために必要な技術だと考えています。

　サービスデザイン思考とは、ユーザーの立場にたってサービスをデザインすることですが、そのためには、徹底的にユーザーを理解する必要があります。ユーザーは市民とは限らず、行政職員もユーザーとして認識します。市民サービスの向上と職員の利便性を同時に図ることで、住民福祉の増進を実現させることが目的です。

　ユーザーの理解と事業構築をサポートする手法として、「東京都サービスキャンバス」の活用があり、サービス提供に関する事業については、EBPMのロジックモデルよりも親しみやすいと感じています。この様式もまた、地域の課題解決や住民の生活向上につながるサービスを育てるためのコミュニケーションツール、立場が違うもの同士が話し合うための共通の土台として活用するのが良いと考えています。

　大東市では、予算編成におけるインセンティブ制度として、公民連携インセンティブ、DX推進インセンティブ、予算編成における原課の創意工夫を推進するための予算インセンティブがありますが、DX推進インセンティブとして、「サービスキャンバス」の活用についても取り組んでいます。

　「サービスキャンバス」を用い、業務改革に取り組んだ事業を優先的に評価するという内容ですが、「サービスキャンバス」の作成方法を含め、「サービスデザイン思考による、サービス・業務改革」について、外部デ

ジタル外部人材を有効に活用し、全庁的に、DX 推進リーダーを中心とした勉強会を実施しました。なお、「サービスキャンバス」は、東京都の「サービスデザインガイドライン」を活用させて頂きました。

　サービスデザイン思考について考えながら、もしかするとこれが今のあるべき全体最適ではないかと考えるようになりました。

　何が全体最適なのか、考えれば考えるほど分からなくなることがあります。財政担当課が考える全体最適は、もしかすると財政最適として、単なる部分最適かもしれません。

　民間ですと、グループ全体で利益を上げることが全体最適なのかもしれませんが、行政でいう全体最適は、何をもって全体だと認識するのでしょうか。

　今の私の考え方ですが、個別最適として利用者一人ひとりの利便性や幸せ度の向上があり、それらが統合されて成立した状態が全体最適ではないでしょうか。

　俯瞰的な視点が大事なのは言うまでもないですが、まずは利用者のニーズを重視した行政サービスの在り方にこだわって考えていきたいと思います。

参照：東京都デジタルサービスに係る行動指針
https://www.digitalservice.metro.tokyo.lg.jp/digitalguideline/index.html

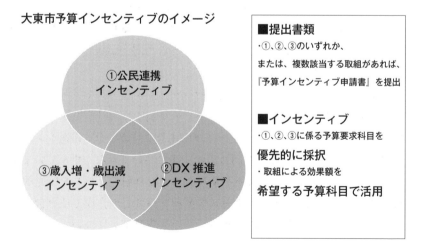

大東市予算インセンティブのイメージ

①公民連携
インセンティブ

③歳入増・歳出減
インセンティブ

②DX 推進
インセンティブ

■提出書類
・①、②、③のいずれか、
または、複数該当する取組があれば、
『予算インセンティブ申請書』を提出

■インセンティブ
・①、②、③に係る予算要求科目を
優先的に採択
・取組による効果額を
希望する予算科目で活用

サービスキャンバス　　所属：行政サービス向上室　　氏名：○○.　○○　　事業名：テレワーク推進事業

提供者

提供者はどんな人？
行政サービス及び業務効率の向上を図るため、DX推進に取り組む部署の担当職員

困ること
DX推進に向けた職員間の温度差

嬉しいと感じること
効率が上がった、便利になったという報告を受けたり、DX推進に向けた相談を受けること。

提供者がもっとも実現したいこと
全職員がスマートに働き、イキイキと活躍できる職場を実現し、それを行政サービスの向上に繋げること。

利用者

利用者はどんな人？
全職員
・管理職…DXやデジタルにやや抵抗あり
・担当職員…既存業務で手いっぱい

困ること
・変化への不安
・業務量がどんどん増えていく

嬉しいと感じること
・時間を有意義に使える
・仕事が評価される

利用者がもっとも実現したいこと
・業務量を増やさず執務環境を向上させること。
　ワークライフバランスを向上させること。

価値

利用者の価値
・新しい取組みにより、既存の業務効率化しないこと（個人、職場全体）が実感できること。
・業務効率の向上（個人、職場全体）が実感できること。
・ワークライフバランスの向上（通勤負担の軽減）が実感できること。

提供者の価値
より多くの職員がテレワークを実施し、DXの考え方による業務効率の向上やワークライフバランスの向上を実感してくれること。

記載例

解決策

施策を普及させるための手段
①とにかくまずは一度やってもらう
　・管理職へのアプローチ（マネジメントの観点を中心とした研修の実施）
　・全庁的なテレワーク強化月間の設定
②トップダウンでの推進強化（市長、推進本部）
　・日頃から計画的な業務遂行やコミュニケーションが行われるよう、部局単位での目標や取組の設定。

活動評価指標
テレワークが実施できる職員の割合
　…令和7年度　60%
テレワークという制度への満足度・理解度
　…令和6年度　50%　令和7年度　60%

解決策（実施内容）
・ガイドラインの改定により、テレワーク中の業務内容やマネジメントの基準等を明示する。
・全職員が利用可能なシステムのライセンス数の確保。
・テレワーク経験者の満足感や効率的なテレワークを実施するためのヒントなどを情報発信していく。
・出勤時を含めて、日頃から計画的な業務の実施を推進する。
・テレワークに有効なツールの導入（業務用スマートフォン等）

目指す成果
・職員のワークライフバランスの向上
・計画的な業務やテレワークの実施による執務環境と業務効率の向上

中長期的に目指すこと
多様な働き方を可能とすることによる優秀な人材の確保、離職者の減少

取り組むべき課題
・テレワークでどのように業務を実施したらよいか分からない。
・テレワークで部下をどうマネジメントすればよいか分からない。（職場等号等職員の誰かの顔も見えない不安）
・テレワークを実施したい人にシステムのライセンスが行き渡っていない。

解決策を実現するための活動とリソース
●予算　システムの運用経費　XXX万円／月
●期間　令和5年度〜
●想定利用者数　約700人（全職員）
　想定されるコスト　XXX万円／月
　一人あたりのコスト　XXX万円／月

※実在する事業ではなく、記載例として作成したものです

COLUMN・3

時間を貯める

「時は金なり」と言いますが、時間をお金に換えるには、まず、手帳やスマホのアプリを使って時間を見える化（スケジュリング）します。すると、時間をお金のように貯蓄することができます。

例えば、明日、1時間かけてやる予定だった仕事を今日、片付けてしまえば次の日、1時間の空白ができます。これが1時間の貯金です。

しかし、この時間貯金は放っておくと「時間泥棒」に出遭って、利子が付くどころか、元本すら無くなってしまうので注意が必要です。次の日、この空いた1時間を使って何かしても、しなくても、時間貯金はゼロになります。この1時間をあなたの「やりがい」に充て、目標の実現に近づくことができるか、この1時間を活かすも、殺すも、あなた次第なのです。このように、時間貯金にはスケジュリングと同時に「目標」が必要です。

一方、空白の時間を作り出すのに、「後にする」という方法があります。明日、1時間かけてやるはずだった仕事を明後日にすれば、1時間の空白ができます。しかし、これは、単なるスケジュールの変更であって、時間貯金ではありません。

同じ「後にする」場合でも、スケジュールに入り切らず、やらなければならない仕事がTODOリストに溜っていく状態。これは、「時間を借金している」状態です。借金はいつか返さなければなりません。

いま、あなたが「仕事に追われている」と感じているとしたら、それは、時間の借金地獄に陥っているからです。

時間は貯めるにも、借りるにも、使うにもスケジュリングが不可欠です。スケジュリングによって、誰にでも同じように流れている「時間」を「目標」に近づけるための「価値ある時間」に換えるのです。

「時間がない」「お金がない」「人が足りない」と、言い訳していませんか？そういうときは少しだけ「やる気」を足してみてください。一歩踏み出せば見える景色が変わります。それが成長の証です。成長を見て感じ、それをエネルギーにして、もう一歩踏み出せば、あなたは確実に変わります。

第5章

どうしても押さえておきたい10のポイント

定野　司

41

通称「ゼロ債務」を上手に使う

（1）ロケットスタートを可能にする「ゼロ債務」

　債務負担行為とは予算単年度主義の例外で、あらかじめ予算で定めておけば、複数年度にまたがる契約を締結することができるというものです。継続費に比べ手続きが簡便であることから、業務委託契約ばかりでなく工事請負契約など、これまでの継続費に替えて債務負担行為を活用する自治体が増えています。ただし、次年度以降、確実に予算を付けなければならない点に注意が必要です。

　債務負担行為の利点のひとつに、通称「ゼロ債務」があります。例えば、3年契約をするけれど、最初の年は出来高がゼロなので、歳出予算を計上しないということが可能です。

　この「ゼロ債務」を使えば次のようなことができます。

　新年度にスタートする事業だが、準備に時間を要するので、事業者を年度開始前に決めておきたい。この場合は、必要な時期の補正予算に「ゼロ債務」を計上します。

　総合評価方式、プロポーザルなど、契約手続きや、契約締結までに時間のかかることもあります。

　この「ゼロ債務」を上手に使えば、当初予算が成立してから契約請求を出し、事業者が決まって実際に事業が動き出したころには秋風が吹いていた、こんなことも回避できるはずです。

（2）債務負担行為を要しない長期継続契約

　電気、ガス、水の供給、電気通信役務の提供を受ける契約、不動産を借りる契約については、債務負担行為を予算で定めなくても、契約期間を複数年とする契約ができます。ただし、契約中に「予算の範囲内において」

「予算の定めるところにより」などの文言を入れ、歳出予算の有無を契約の解除（変更）条件とします。

　また、政令の範囲内で、自治体が条例により、長期継続契約の対象範囲を拡大することができます。例えば、複写機、電子機器、OA機器等の賃借、施設の維持管理、清掃など、単年度の契約では安定した業務の遂行に支障を及ぼす契約です。

　役所は「単年度主義」といわれますが、実際は、こうした現実的な対応もできるようになっているのです。条例の有無などを確認しましょう。

（3）金額の定めのない債務負担行為

　債務負担行為である「契約」には損失補償や債務保証など金額が確定しないものも含まれます。例えば、外郭団体が金融機関から融資を受ける際に自治体が債務保証する、というようなケースです。

　外郭団体に直接資金を供与するには大きな予算が必要ですが、このような方式をとれば、金融機関に支払う利子相当分を補助すれば足ります。
「友達から自動車ローンを組むので保証人になってほしいと言われたんだけど……」
「いくらの車なの？」
　万一の時は、自動車の代金と利子相当分を覚悟しなければなりません。金額も知らずに、簡単に保証人にはなれません。ご注意を。

（4）お金がなくても使える予算

　自治体がお金を使うには予算が必要です。しかし、この「予算」とは歳出予算のことだけではありません。自治体は、次のいずれかの金額が計上されていれば、お金の支払いを伴う契約をする、つまり、お金を使うことができます。もちろん、最終的に支払うものは支払わなければならないことを忘れてはいけません。

① 　歳出予算の金額

② 　繰越明許費の金額

③ 　継続費の金額

④ 　債務負担行為の限度額

42

いい流用、悪い流用

（1）予算で定める事項の経費の流用

　予算は「款」→「項」→「目」→「節」→（細節）というように細分化されています。これらの区分のうち「款」と「項」は議決科目ですから、予算に過不足が生じた場合でも、相互の流用はできません。補正予算を編成して修正することになります。ただし、あらかじめ予算で定める事項に関しては、例外として同一款内の各項の間の流用が認められています。

（一般会計における例）

　各項に計上した給料、職員手当等及び共済費に係る予算額に過不足を生じた場合における、同一款内でのこれらの経費の各項の間の流用。

（国民健康保険特別会計における例）

　保険給付費の各項に計上した予算額に過不足を生じた場合における、同一款内でのこれらの経費の各項の間の流用。

　いずれも、過不足の生じることがあらかじめ予想されるため、予算の補正という手続きを省略し、その判断を首長に委ねたものです。

　一方、予算の区分のうち「目」「節」（細節）は執行科目と呼ばれ、首長の裁量で相互に流用することが可能です。

（2）いい流用

　一般に「流用」というと、本来使ってはならない使途にお金を使うこと、「公金の私的流用」などのように犯罪をイメージされることが少なくありません。一方、大切に使っている製品を修理する際、部品の保存期間が切れていて、やむを得ず他の製品のパーツを流用（転用）することがあります。同じ「流用」ですが、これは悪いことではありません。ルールに則った予算の流用は後者です。決して悪いことではないのです。

自治体の役割を果たすために必要なら、予算執行の際にも創意工夫があっていいはずです。

（3）悪い流用

　ルールに則っていても、やってはならない流用があります。自治体の予算は政策を実現するための手段であり、ときには政策そのものになります。首長が議会とともに練り上げた予算と全く異なる政策や施策に流用することや、議会が否決した予算に流用することは厳に慎むべきです。大きな政策変更をする際には、補正予算を編成するのが、正しい方法です。

（4）予備費の充当

　予算流用の他、予算超過の支出に充てるための手段として、予備費の充当があります。予備費とは予算外の支出、予算超過の支出に充てるため、あらかじめ使途を特定せずに歳出予算に計上するもので、一般会計には必置、特別会計では任意となっています。

　予算がない場合や予算が不足する場合は、補正予算を編成し議決を得るのが原則ですが、能率的な行政運営を図るため、緊急を要する場合や比較的軽易な事案に対処する手段として認められているのです。

　予備費は「款」のひとつですが、そこから直接支出するのではなく、流用と同じく、必要とする費目に移され、配当され、支出されます。なお、予備費を議会の否決した使途に充てることは法律で禁じられています。

（5）予算現額

　歳出予算には当初予算成立後、補正予算、繰越予算（継続費逓次繰越、繰越明許費、事故繰越）、流用、予備費の充当といった動きがあり、これらの総和、すなわち、ある時点での予算額を予算現額と呼んでいます。当然ですが、この額を超えて支出することはできません。

　一方、収入の見積もりである歳入予算は補正予算による動きだけです。歳入予算については、これを超えて収入することができます。

　自治体予算は固定的で民間のような機動性に乏しいと言われますが、そうでもないことがおわかりいただけるでしょう。

43

歳出予算＝歳入予算にするには

（1）歳出予算の「残る要素」と「足りなくなる不安」

　自治体が工事を行い、物を買うときは競争入札が原則です。競争入札とは、同じ仕事を複数の事業者に見積もらせ、一番低い金額を提示した者に仕事をお願いするという仕組みです。予算で予定した金額と実際に契約した金額との差を「契約差金」と呼び、歳出予算の一部は使われずに残るのが普通です。一方、インフルエンザが流行して医療費が増えたような場合、これを払わないわけにはいきません。年度当初に計上した予算で足らなければ、追加の予算（補正予算）を組む必要が出てきます。

　このように、歳出予算には常に「残る要素」と「足りなくなる不安」の２つが存在します。これらを解消するのが、財政調整基金の役割の一つです。例えば、契約が不調にならないように「契約差金」が出ることを見込んで財政調整基金を使って歳出予算を組んでおき、契約後に出た「契約差金」を補正予算で落とし、財政調整基金へ繰り戻します。

（2）歳入予算における財政調整基金の役割

　歳入の中心となる税収は、調定額×収納率です。調定額（所得に応じた課税額＝ 100 ％収納できたときの額）も収納率（実際に収納される割合）も、景気の動向に左右されます。強め（多め）に見込みたいところですが、歳入欠陥（収入不足）という事態は避けなければなりません。

　そこで活用されるのが財政調整基金です。財政調整基金は、いざというときの備え、使途の限定のない自由に使える貯金です。

　会計年度の始まる前に編成する、年間を見通した予算（当初予算）の歳入は、堅く確実なところで見込み、不足分は財政調整基金からの繰入金を計上してしのぎます。そして税収が概ね確定したころ、補正予算で基金か

らの繰入れを解消、ないし減額します。つまり、財政調整基金をできるだけ取り崩さないよう、財政運営していくのです。

家計にもいざというときの備えが必要です。

子どもが今月から塾に通うことになったので、いざというときのために貯めていた「定期預金」を解約することにしました。でも、お父さんが係長になった際には手当が増えるので「定期預金」を解約しませんでした。この例では、（失礼ながら）確実とはいえないお父さんの係長昇進を当初予算で見込んではいけません。歳入欠陥を起こし、赤字決算になりかねないからです。

「身の丈」に合った予算を組むのは、家計も自治体も同じです。

このように予算編成に欠かせない役割を果たす財政調整基金ですが、全自治体で8.2兆円（2021年度末）、予算規模の約6〜7％が確保されています。経験上、この程度はほしいところです。

（3）歳出＝歳入にする方法

肥大化する歳出予算に対して、収入の見積りである歳入予算は景気が良くなるか、増税でもしない限り簡単には増えません。歳入歳出のバランスをとるのに妙案はなく、①行政の仕事を減らして歳出を削る、②収納率の向上、手数料や使用料の値上げなどを実施して歳入を増やす、この2つを着実に実行するしかないのです。このつじつま合わせを「行政改革」と称する自治体がありますが、これは改革でも何でもない、自治体の普通の仕事です。

民間企業のように、仕事を増やして収益を上げ、財政状況を改善させることができないのが、自治体の弱みです。

（4）それでは、民間企業に収益を上げさせてはどうか

乗合バス事業の規制緩和前、バス会社は赤字路線の赤字を黒字路線の黒字で賄うことができました。赤字を減らす努力ばかりでなく、黒字を増やす努力で赤字を解消できたのです。しかし、赤字路線に補助金を出した途端、バス会社は思考停止に陥り、両方の努力を惜しむようになります。補助金がディスインセンティブになった例です。

使い切り予算の功罪

（1）歳入歳出予算は自治体の家計簿

みなさんはお小遣い帳や家計簿をつけていますか？

お小遣い帳に代表される現金出納簿は収入と支出を記録し、その残高と実際の現金が合っているかどうか、金銭管理を行うものです。これに対し家計簿は、1ヶ月の収入を見積もり、それを家賃、食費、交通費、医療費などの支出項目ごとに、あらかじめ上限額を割り振り、項目ごとの支出の総額が上限額を超過しないよう、支出の管理を行うものです。

歳入歳出予算は自治体の家計簿です。歳入予算は収入の見積り、歳出予算は支出の見積りです。家計簿は給料のほとんどが月給制なので1ヶ月ごとに見積もりますが、自治体の歳入歳出予算は4月から翌年3月までの1年度を単位に見積もります。

（2）使い切り予算

歳入予算総額と歳出予算総額は同額でなければなりません。「そんなこと当たり前じゃないか」と聞こえてきそうですが、でもこれこそが、歳入予算に計上するその年度の収入を全部、歳出予算に計上して使い切ってしまう「使い切り予算」の元凶です。年度末の2〜3月に道路工事が増えるのは、この「使い切り予算」の典型です。

もちろん、年度末になって「予算が残っているから」と必要もないのに予算を使えば、これは無駄遣いです。実際、そういうこともあるでしょう。しかし、あっちもこっちも道路の補修工事をやらなくてはならない担当課では、今年度残っている予算を使って少しでも多く仕事をし、来年度の予算が削られても（苦情の出ないように）乗り切ろうと考えます。そういうわけで、多くの自治体職員は「使い切り予算」を（そんなに）悪いことだ

とは思っていないのです。

　「今月、ボーナス入ったから温泉に行こう！」「今月は少し余裕があるからトイレットペーパーを買いだめしておこう」いずれも身近な「使い切り予算」です。一概に悪いとは言えません。

（3）不用額

　一方、歳出予算を使い切らなかった場合、残るのが不用額です。見積りより低価格で契約ができた、見積りより需要が少なかった、事業そのものが天候、事故、その他の理由により中止になったなど、計画どおりに予算を執行できず、不用額が出ることはよくあることです。

　「不用」という言葉の印象から、不用額の多さを問題にした時代もありました。不用額が多いのは「予算編成時の見積りが甘かったからか、仕事をしなかったからだ」というわけです。しかし、問題にすべきは予算をいくら使ったかではなく、予算を使って事業の目的、目標がどのくらい達成されたのか、されなかったのかということです。

　現在では、この「使い切り予算」が批判され、事業執行の合理化、効率化の過程で生まれた不用額は、次年度以降に活用できる貴重な財源として捉えられるようになりました。

（4）肥大化する歳出予算

　「あれもやる」「これもする」首長や議員のみなさんは選挙の際、たくさんの公約を掲げます。「あれがほしい」「これもほしい」——これをかなえてくれそうな候補者に投票する有権者（住民）がいます。この公約実現のため、予算は少しでも多い方がいいわけですから、放っておけば歳出予算はどんどん肥大化してしまいます。

　一方、人口減少による所得収入の減少、土地や家屋の価値の低下、消費の落ち込みなどの影響で、税収は税率や課税客体を変えない限り、確実に減少していきます。

　遠い未来より目先の今が大切。しかし、そのツケは有権者であり住民である納税者が支払うことを忘れてはいけません。

いざというときの一時借入金

（1）運転資金を借りる

　家計簿は支出を、金銭出納簿は金銭を管理する手段です。ところが、支出は予算の範囲内でしっかり管理されていても、月給の遅配など収入が予定どおり入らなかったり、月謝などを年2回、まとめて支払わなければならなかったり、手元に現金のないことがあります。家庭であれば貯金をおろして支払います。そして、収入が入ったら貯金に戻します。

　自治体も同じで、支出に合わせて収入が入ってくるわけではありません。会計年度が4月に始まるのは税収が最も多く集まる時期だから、と伺ったことがありますが、いずれにしても一時的に資金不足になることが考えられます。これを埋めるには、貯金をおろす、特別会計を含め他会計のお金や、積立基金などのお金を融通（繰替運用）する、などの方法があります。それでも足りないときは、金融機関から借金することができるというのが一時借入金です。予算では、その限度額を定めます。

　「クレジット会社から、残高不足で引き落とせないから○○日までに入金してくれって……」「困ったな、来週の給料日まで立て替えておいてくれない？」「そんな金ないよ！」

　我が家にも一時借入金があったらいいのに（そう思いませんか？）。

（2）借りたら返す

　一時借入金は「一時」というくらいですから、年度内（出納の閉鎖される5月31日まで）に、その年度の収入で返済しなければなりません。

　同じ借金でありながら、地方債の発行による収入は歳入予算に計上しますが、一時借入金は計上しません。これは、自治体の予算が年度末には「歳入＞歳出」となり、清算できる（返済できる）ことを前提に、金融機

関から短期間、借り入れるものだからです。一時借入金は一時的な資金不足を補うもので、歳入予算とは関わりません。

（3）返せなかったら「前借り」する

　仮に、この一時借入金を返済できなくなったらどうなるのでしょう？返済できないときとは、年度末に「歳入＜歳出」となる見込みのときです。歳出には予算のしばりがかかっていますから、「歳入＜歳出」の原因は歳入の見積り誤りにあります。こうなると、予算に関わってきます。

　こういうとき、自治体は翌年度の収入を前借りします。これを繰上充用といいます。家計でいえば給料の前借りと同じです。

　（ここだけの話ですが）「借り」だから返すのかというと、返さないのも給料の前借りと同じです。そういった意味では「借り」より「繰上」のほうがふさわしい名称だといえます。

　繰上充用によって当座の赤字決算を防ぐことはできます。しかし、同じことを繰り返せば、翌年度は繰上充用した額の２倍の歳入不足を起こすことになります。別の歳入を確保するか、歳出を削減するか、その両方を行うか、補正予算に計上して実行する必要があり、財政運営はさらに厳しいものになります。

　そうです、給料を前借りしても生活が楽になるわけではありません。

（4）マネしてはいけない（俗称）ジャンプ方式

　2007年に財政破綻したU市では、赤字を埋めるために繰上充用ではなく、（俗称）「ジャンプ方式」が用いられました。

　これは、二つの会計間で貸し借りを行うことによって、不足する現金を一時借入金で補填するという方式です。仮に特別会計に１億円の赤字が生じようとしているとき、一般会計から１億円を貸付け（歳出）、これが返還される（歳入）という予算をつくります。１億円の現金は存在しないので、実際には一時借入金を使います。一般会計に生じそうな１億円の欠損は、出納整理期間中に、翌年度の特別会計から支出して補填するのです。

　U市では、こうして一時借入金が雪だるま式に増えていったのです。

46

行政評価で目標・プロセスを明確にする

(1) 行政評価の4つの目的

　予算編成や予算執行において、行政評価をどのように活かすか、私たちは試行錯誤を続けてきました。

　行政評価には、次の4つの目的があります。

① PDCA サイクルの確立と戦略的な自治体経営

　行政評価は、評価の結果に基づき、自治体が実施するサービス（政策、施策、事業）の選択と集中を行い、企業や住民との協働を進め、自治体運営を改善・改革する手段です。PDCA は、計画（Plan）⇒実施（Do）⇒評価（Check）⇒改善・改革（Action）の頭文字で、これを繰り返すことから「マネジメントサイクル」と呼びます。

②成果重視の自治体運営を目指し、計画の進行管理を行う

　行政評価ではすべての政策、施策、事業に成果指標を設定し、その達成度を測定します。客観的な尺度を持つことで「どれだけ仕事をしたか」ではなく「どれだけ成果が上がったか」という視点で自治体運営を行うことができます。また、行政評価を使って、自治体の定める基本計画の進行管理を行い、さらなる成果の向上を目指します。

③住民と情報を共有し、協働の基礎をつくる

　行政評価によって自治体の目的、目指す目標、それを実現するための手段、方法、そしてその成果を住民に明らかにし、住民との新たな協働関係を創る基礎をつくります。

④職員の意識改革を進め、政策形成能力を高める

　行政評価を通じて、住民が何を求めているか、現状のままでいいのか、職員は常に自問自答しなければなりません。職員の意識改革を図り、政策形成能力を向上させるのは行政評価の重要な役割です。

（2）評価の３段階

行政の活動は一般に、政策、施策、事務事業という３階層に分類されます。行政評価もその階層に応じて「政策評価」「施策評価」「事務事業評価」に分類されます。また、行政評価は事後に評価するのが一般的ですが、事前評価や中間評価を行うことがあります。

政策・施策・事務事業のいずれのレベルで評価を行うかによって、求められる評価の視点や基準、評価時点も異なってきます。

（3）KGI、KPI、そしてKDI

行政でも使用されている KGI（ Key Goal Indicator、重要目標達成指標）は企業の最終的な定量目標です。行政では政策、施策評価のレベルです。KGI 達成までの中間目標を明確にしたものが KPI（ Key Performance Indicator、重要業績指標）、行政では事務事業評価のレベルです。

このふたつが成果指標なのに対し、KDI（ Key Do Indicator、重要行動指標）は KPI を達成するために、どのような行動をどれだけ実行するのか、したのかという指標です。行政では事務事業評価の中の活動指標として示されており、具体的でコントロール可能な指標、目標です。

昔、役所では来年の予算を獲得するために予算を「消化する」「使い切る」ことが横行していました。行政評価の目標に予算の執行率を設定する。こんなマネ、しないでくださいね。

（4）期中評価をどうするのか

KDI は、実業家の冨田和成氏が提唱したものです。行政評価を予算に反映するためには、KDI のような KPI を達成するためのマイルストーンが必要です。また、こうした期中での評価を直近の予算に反映できれば、PDCA サイクルをもっと早く回し、早く目標に近づくこと、あるいは状況に応じで目標を修正することが可能となります。

そこで、（当研究会では新しい試みとして）期中目標である JDY（重要段取り要素）、及び JDI（重要段取り指標）の設定を提案しています。仕事の段取りを数値化もしくは言語化して、これを進行管理するのです。

「あの仕事、どうなってる？」を可視化することが可能となります。

47

予算編成は予算主義から成果主義へ

（1）予算のマネジメントサイクル

　民間企業では予算を立て（Plan）、ある一定期間事業活動を行い（Do）、予定どおりの成果（利益）が得られたか分析し（Check）、成果が得られていなければ、その原因を改善し（Action）、次の予算に反映します。民間企業ではこうしたサイクルを1ヶ月、四半期ごとに繰り返します。

　予算は目標を達成するためにあります。達成すべき成果目標（アウトカム）を行政評価という手法で設定し、その目標ごとに、それを達成するために必要なアウトプット（事業活動の量）を明らかにします。このアウトプットに必要な経費を積み上げたものが「予算」です。

　繰り返しますが、自治体が事業活動をする目的は、事業活動の量（アウトプット）を増やすことではなく、事業活動によって得られる成果（アウトカム）の水準を高めることにあるのです。

（2）安い商品ではなく売れる商品をつくる

　アウトプット÷インプット、すなわち、投入したインプットに対し、いかに効率的、効果的にアウトプットしているか、常に意識すること、これがコスト意識です。

　役所にもコスト意識が重要だといわれ続け、行政改革の名の下、減量経営に努めてきました。地方自治法には「地方公共団体（自治体のこと）は、その事務を処理するにあたつては、住民の福祉の増進に努めるとともに、最少の経費で最大の効果を挙げるようにしなければならない」とあります。アウトプット÷インプットを最大化するのは当然のことです。

　しかし、賢明なみなさんなら、もうおわかりでしょう。

　住民や地方自治法が求めているのは、「住民の福祉の増進」を政策、施

策ごとに分解し、設定した「成果目標」に近づくこと（アウトカム）です。いくら効率よく、コストをかけずに製品を造ることができても、売れなければ成果はゼロです。

　このようなとき、企業は売上げを伸ばすための宣伝方法や、ときには製品そのものを考え直します。

　これは、自治体でも同じです。

（3）よくある勘違い

　例えばいま、「○○川の汚染を3年以内に環境基準以下にする」という目標（KPI）を立てたとします。そのため、毎月、水質検査を実施していますが、これまで職員でやっていた検査を民間事業者に委託し、しかも、競争入札によって、昨年度の1/2の経費で実施することができました。めでたし、めでたし。果たしてそうでしょうか？　検査は必要ですが、検査をしただけで水質が改善されるわけではなく、環境改善のための施策・事業が別途必要なのです。これはよくある勘違いです。

（4）評価を予算に結びつけるには

　KPIの達成、成果（アウトカム）に寄与する事業に優先的に、コストを意識しながら資源（予算や人、時間など）を投入するのが原則です。

　対象となる事業が複数あるときは取捨選択する、同時に実施することもあるでしょう。このとき忘れてならないのは、多くの事業は、その効果が現れるまで一定の資源投入が必要だということです。中途半端に投入しても効果は表れません。大きな無駄が発生します。

　また、当該自治体の活動だけで成果が出るとは限りません。他の機関の活動や、内外の経済情勢、地域環境など、外部要因の存在を忘れてはいけません。

　事業の評価は事業課の仕事の成果であり、その評価は自己評価が基礎になりますが、事業課による恣意的な評価に陥らないためにも、事業課以外の部署による二次評価、あるいは、職員以外の評価者を入れた段三者評価などを実施するのが効果的です。

48

赤字にも黒字にもしない決算整理

（1）出納整理期間

　5月31日は自治体の金庫が閉まる、出納閉鎖の日です。官庁の会計年度は4月1日に始まり、翌年の3月31日で終わりますが、その翌日の4月1日から5月31日までを出納整理期間といって、前年度の後始末ができるようになっているのです。

　歳出では、発注した仕事が3月31日までに完了していれば、代金は5月31日までの間なら前年度の予算で支払うことができます。歳入では、3月31日までに徴収することを決定した収納金は、5月31日まで前年度の歳入にすることができます。仕事の年度末は3月ですが、会計処理（決算）の年度末は5月なのです。これは、未払金・未収金という処理をしない役所特有の仕組みです。

（2）会計年度独立の原則

　自治体の経理に出納整理期間があるのは、地方自治法に「自治体の歳出は、その年度の歳入をもって充てなければならない」という大原則（会計年度独立の原則）があるためです。言い換えれば、住民の納めた税金は、それを納めた住民のために使えという原則です。

　学校の給食会計を想像してみてください。前年度集めた給食費に残金が出たので、これを繰り越して現年度の給食に充てることにしたらどうでしょう。新入生は得したと思いますが、卒業生は損したと思うに違いありません。年度末に給食のメニューが少しだけ華やかになるのは、集めた給食費を残さず使い切るためですが、同時に未納者が出ても給食会計を赤字にしない。そのための安全策でもあるのです。

　この給食会計について、学校毎の私会計から自治体毎の会計（公会計）

への移行が進んでいます。公会計といっても給食費だけを独立させた「特別会計」で処理するわけではなく、自治体毎の大きな「一般会計」の中で処理します。したがって、保護者の納める給食費の収納額（率）とは無関係に食材を購入し、これを調理して提供することができ、給食費全体が黒字なのか赤字なのか、わからなくなってしまう恐れがあります。

（3）実質収支

　自治体の決算において最も重要なのは、赤字を出さないことです。令和2年度、1,788自治体のうち赤字だったのは、K市だけでした（元年度はゼロ）。全国唯一の財政再生団体であるU市でさえ、実質収支は黒字でした。

　自治体決算の「収支」には形式収支、実質収支、単年度収支、実質単年度収支の4種類ありますが、通常、「黒字」、「赤字」は、実質収支の黒字、赤字のことを指し、実質収支とは歳入決算総額から歳出決算総額を差し引いた歳入歳出差引額（形式収支）から、翌年度に繰り越すべき財源を控除した額のことを言います。

　給食会計の例で言えば、3月にデザートの蜜柑を発注し食べたが、業者から代金の請求がない場合、そのまま決算すれば形式的には黒字ですが、この代金の分を差し引かないと本当に黒字なのか判断できません。これが実質収支の「実質」という意味です。

　ただし、実際の会計処理では、蜜柑の代金の未払分のような細かいものは予算の繰り越しなどをせず、翌年度の同一事業内で過年度支出として処理するのが一般的です。

（4）黒字を減らすテクニック

　一方、自治体は赤字決算ができないうえに、実は大きな黒字も許されません。黒字が大きければ、議会からは予算の積算の信憑性が問われ、住民からは「税金の取り過ぎ」という誹りを免れないからです。実質収支の黒字は標準財政規模の3～5％が望ましいとされ、黒字を減らすため、基金の繰入れや地方債の発行の取りやめ、基金への積立てや他会計への繰り出し等が行われています。これを決算整理と言います。

経常収支比率の怪

（1）企業の経常収支比率

　自治体が経営する地方公営企業のうち、1,400超ある水道事業の決算規模は約4兆円（2021年度）で、経常収支比率は111％でした。

　この「111％」に「！」と反応した方は、財政通と称していいでしょう。

　企業における経常収支比率は、経常収入を経常支出で除したもので、これが100％を超えている場合は、利益が生じていることを表します。逆に100％に満たない場合は、必要なキャッシュフローが不足しており、信用リスクの上昇や資金調達コストの高騰など、財政上の課題を抱えている可能性があるのです。

　もっとも、この経常収支比率が高ければよいというわけではなく、利益を株主（自治体）や利用者（住民）に還元していない、あるいは長期的な視点に立った投資が行われていない可能性もあるので注意が必要です。

（2）自治体の経常収支比率

　一方、自治体の経常収支比率は、市税など毎年経常的に入る収入（経常一般財源等）で、どれだけ経常的な支出（人件費、扶助費、公債費等）を賄えているかを示す割合であり、財政の弾力性（硬直化）を計る指標とされています。これを家計に例えると、毎月、定期的に入ってくる給料などの収入に対する、家賃や食費、光熱水費、ローンの返済など、毎月決まって支払わなければならない経費の割合であり、この数値が高いと、余裕がないことになります。

　家計の場合、この余裕は大きければ大きいほどいいわけですが、自治体の場合はそうはいきません。自治体は、その役割を果たすために税金を徴収しているので、余裕が大き過ぎるとしたら、それは税金を取りすぎてい

ることに他ならないからです。そこで、自治体の経常収支比率は70〜80％が適正だとされています。企業の経常収支比率とは真逆なのがお分かりいただけるでしょうか。

（3）80％超が危険な理由とは

経常収支比率が高ければ投資的経費に投入する財源が確保できず、自治体の成すべき地方公共財（道路や橋などのインフラ、公園や学校、福祉施設など）の提供が困難になってしまいます。80％を超えないよう制御するということは、20％の財源を確保して、都市基盤の整備、維持を確実にするものだと言い換えることができるでしょう。

都市基盤の整備が一段落してくると、自治体は投資的経費に充てていた財源を社会保障費に振り向けるようになりました。社会保障制度における自治体財政の役割を否定するつもりはありませんが、子ども医療費の無償化や国制度の横出し、上乗せなど自治体独自の政策によって、それまで経常的でない経費（投資的経費）に充てていた財源を、経常的な経費（扶助費）に充てるのですから、経常収支比率が上昇するのは当然なのです。

（4）経常収支比率の悪化とは

経常収支比率は自治体財政の健全性を表す重要な指標とされているので、その「上昇」を「悪化」と表現することがあります。しかし、悪いのは経常収支比率ではなく、「納められた税金は100％使い尽くす」という自治体運営の掟にあることがおわかりいただけるでしょう。

経常収支比率だけで自治体財政の状況の悪化を判断するのは危険ですが、楽観視することもできません。例えば、今後は人口減少で地方税、地方交付税を主とした経常一般財源が減少していきます。一方で、社会保障費は投資的経費と違って削減することの難しい経費であり、人口減少による経費の減要素では飲み込めない恐れがあります。

また、現在、高度経済成長期に整備したインフラや公共施設の老朽化への対応が急務となっており、今後、投資的経費のニーズが高まるでしょう。渡れない橋を遺すのではなく、渡れる橋を次世代に引き継ぐ。財源は限られているのですから、政策施策の選択と集中が必要なのです。

改革を進めるための三原則

（1）ホールソート～100年前の仕事

　40年前、新人の私に与えられた最初の仕事は生活保護の統計事務でした。被保護世帯の情報を決定調書から読み取って一枚のカード（パンチカード）に整理します。カードの縁には多数のパンチ穴があり、この穴の一つ一つに世帯類型、人数、住居や就労状況などの情報項目を紐づけ、必要な項目は穴からカードの縁まで切り取っておきます。カードを束にし、あとから細く長い金属の棒をこの穴に差し込んで特定の情報項目にヒットするカードだけを取り出し、その枚数を数えれば、情報を数値化することができます。この作業を繰り返して生活保護の実態を多元分析し、それを保護政策、保護施策に活かすのです。

　私の勤務する事務所の管轄区域内の被保護世帯数は当時、約1,500。1,500枚のカードと金属棒を駆使して毎月、報告書を作成し、東京都を通じ厚生省（当時）に提出していたのでした。

（これが、私の仕事？）

　パンチカードを使った自動織機（ジャカード織機）がフランスで発明されたのは1801年。米国のホレリスは1887年、このジャカード織機を応用した電動作表機（タブレーター）を開発し、当時7年かかっていた国勢調査を3年で完了させたのです。1896年、ホレリスはタビュレーティング・マシン社（後のIBM）を設立します。

　私の仕事は、それを手（ハンド）でやることだったのです。

（全国の福祉事務所で100年前の仕事をしているなんて、アンビリーバブル！）

　地獄のような環境に遭遇した私は、速攻で異動希望を出しますが、もちろん却下されてしまいます。

（2）縦横計算

　飽きっぽい性格の職員だと思われたのでしょう。次の仕事は生活保護費の支給事務（銀行振込）でした。毎日、ケースワーカーが作成する保護決定調書から保護費の計算結果を台帳に書き抜き、毎月、間違えなく、保護者の銀行口座に振り込むという仕事でした。

（こんなの、私の仕事じゃない）

　そんなある日、隣の事務所の先輩に私の疑問をぶつけてみました。

（コンピュータを使えば、この地獄から解放されるかもしれない）

　二人で小さな企画書を作りました。しかし、私たちはそれを実現する術を知りませんでした。それを教えてくれたのは、隣の事務所の係長でした。

「気の利いた管理職に相談したらいいよ」

（3）改革の三原則

　「気の利いた管理職」が教えてくれた三つの原則があります。

①　役所は形式が優先される！

　役所に入ったばかりの職員が少々声高に叫んだところで大きな役所を動かすことなどできません。そこで、気の利いた管理職を委員長にした事務改善委員会をつくり、「気の利いた管理職」を委員長に仕立てたのです。

②　小さな事務改善では、かけた経費を取り戻せない！

　小さな事務改善では、人手を減らすことはできても人までは減らすことができません。そこで、保護費の計算、医療券の発行などを含む、一大「生活保護システム」に改善内容を拡大したのです。

③　どんなにいいものでも、伝わらなくちゃゼロだ！

　ケースワーカーや相談員などにもシステム開発の意義を説明し、業務の分析やシステム設計への協力を求めました。

　こうして、システム開発の企画は採用され、私はプロジェクトチームを率いることになりました。そして、自治体で初めて発注者自身の手でシステム仕様書を描き上げ、11社の提案の中から事業者の選定を行い、「生活保護システム」を完成させたのは、改革の「三原則」を知ってから3年後のことです。

　パートナーとなった事業者は（奇遇なことに）IBMでした。

「おわりに」のひとつめ

「政策立案の上流で官民は邂逅する。その触媒となる」

　当研究会の協賛企業でもあるワイズバイン社の本社は、横浜みなとみらい駅から徒歩2分、コミュニティ型ワークスペースの中にありました。広々として明るく開放的な共有ラウンジ。そこには従来のインキュベーション施設にあるような切羽詰まった雰囲気はありません。若い起業家たちがワーケーションを楽しんでいるのです。こうした環境で育まれる異業種交流が彼ら、彼女らの成長中枢を大きく刺激するのでしょう。

「これまでにない新しい予算編成システムを作りたい」

　午後4時、ラウンジのドリンクサーバーがコーヒーからビールに切り替わるころ、吉本社長はこう切り出しました。

　20年前、私は足し算と引き算を繰り返して作る従来の予算から離れるため、「包括予算制度」を考案しました。現場の課題を誰かの指示ではなく現場の知恵で解決すると楽しい。そのとき、予算は知恵そのものになります。このことについては、財オタの今村さんが、本書のポイント25で詳述されています。

　その場で、吉本社長は自ら開発した横浜市の「財政見える化ダッシュボード」を開きました。市の予算が何に使われているのか、誰でも、いつでも見ることができる。横浜市の看板事業、公民連携の成果です。

「行政の人が、もっと自由に生き生きと仕事ができる環境を整備したい。そうすれば、日本、世界は間違いなく、もっと良くなる」

　飲んでいたビールをおかわりしたのは、ダッシュボードの基盤となっているTAGのせいでした。TAGとは横浜市の個々の事業に付けられた体系的な整理番号のことです（特許出願中）。全国の自治体が同じ仕事をしているのに事業毎の比較ができないのは、事業名がユニークだからです。（TAGを使えば、全国の予算に込められた知恵を共有できるかもしれない）

　5杯目のビールで、私は（世界はともかく）日本を良くしようと考え始めました。

　半年後の2022年5月。ワイズバイン社は、E県の予算編成システム構築

支援業務を受託します。

（小さなベンチャーだからこそ、シングルイシューで最後まで投げ切れる）

　名前も実績もない（失礼）、2018年に生まれたばかり、従業員10名足らずのワインズバイン社が選ばれたのは、スタートアップ企業の持つイノベーション力に魅力があったからではないでしょうか。

　その期待に応えるため、今年3月、ワイズバイン社は本社をE県に移しました（横浜のオフィスは、横浜事務所として残っています）。

「枠配分をしているのに、超過して要求することが常態化している」

「スクラップするはずが、首長査定でひっくり返る」

「中期的な財政見通しが作れない」

　研究会の中で困り事は共感され、議論を呼び、参加者は新しい「気づき」を得ます。私は、この仕組みを使って全国自治体から予算に詰まった知恵を集めたいと考えました。知恵をTAGでつなぐのです。そのためにも、情報の提供先が何者かということは重要な要素です。

「研究会を法人化したい」私の提案に、吉本社長はこう答えました。

「研究会のKGI、KPIと予算を示してほしい」

　こうして、2022年8月、研究会は一般社団法人となり、同年10月、T市、当研究会、ワイズバイン社の3者による包括連携協定の第一号が締結されました（継続、募集中）。T市は研究会に予算に関する情報を提供し、当研究会はワイズバイン社の技術を使ってこれにTAGを付し、他の市町村の情報と比較できるようにしたうえで、歳出削減、歳入確保の可能性を予測するなど、分析結果をT市に提供します。

　今後、ワイズバイン社がスタートアップ企業の先駆者であるGAFAMのように大きく成長するかどうかは分かりません。しかし、ビジネスモデルの革新性と解決できる社会課題の大きさについては決して引けを取っていません。それが証拠に、ワイズバイン社は、E県の「成果重視型政策立案プラットホーム」、内閣官房の「行政事業レビューシステム」の開発など、相次いで受託しています。

　何年か先、政策立案の上流の、さらにその上流で、私たちは日本経済再生の糸口を見つけ出しているかもしれません。

「おわりに」のふたつめ

　1953年のロンドン。役所の市民課に勤める定年間際のウィリアムズは、部下に煙たがれ、家には居場所もなく、自分の人生を空虚で無意味なものだと感じていました。そんなある日、医者から余命半年であると宣告されます。

　どこかで見たような〜、聞いたことあるような〜

　そうです、黒沢明監督の「生きる」（1952年）が、2022年、英国でリメイクされたのです「生きる LIVING（原題：Living）」。

　文字通り、不朽の名作と言っていいでしょう。

　以下、日本版のあらすじです。

　休まず、遅れず、働かずという典型的な公務員人生を送っている主人公の渡辺は、市役所の市民課長でした。ある日突然、渡辺は自分が末期がんで余命幾ばくも無いことを知ります。自暴自棄となった渡辺は役所を無断欠勤し、貯金を下ろし夜の街をさまよいます。パチンコやダンスホール、ストリップ、バーなど散々遊びまわりますが、心が満たされるはずはありません。渡辺が涙しながら歌うのは「ゴンドラの唄」。

　♪命短し恋せよ乙女♪

　翌日、朝帰りした渡辺の家に部下の若い女性職員がやってきます。彼女は役所を辞めておもちゃ工場に就職するため、退職願を持って来たのです。「こんな退屈なところ、死にそうになる」

　彼女の奔放な生き方、生命力に渡辺は次第に惹かれていきます。

　そんな彼女から渡辺は自分のあだ名が「ミイラ」だと聞かされ愕然とします。彼女は自分が工場で作っているおもちゃを見せ「日本中の赤ん坊と友達になったような気がする、課長さんも何か作ってみたら」と言います。

　この言葉に心を揺さぶられた渡辺は次の日、役所に復帰します。

　役所に戻った渡辺は、住民の要望をたらい回しにし、放っておいた公園計画に猛然と取り組みます。縦割り行政や、やくざの嫌がらせをはねのけ、5ヶ月後、ついに公園を完成させます。そして、しんしんと雪の降る夜の公園のブランコの上で渡辺は静かに息を引き取ったのです。

通夜の席で、同僚たちは渡辺の功績を回想し、褒め称え、「お役所仕事」を批判、自省します。

一夜明けて、役所はいつもの「お役所仕事」に戻ってしまいます。

しかし、渡辺のつくった公園は、いつまでも子供たちの笑顔と歓声に包まれていたのでした。

この映画「生きる」について、黒澤明監督は次のように述べています。「主人公は死に直面して、はじめて過去の自分の無意味な生き方に気がつく。いや、これまで自分がまるで生きていなかったことに気がつくのである。そして残された僅かな期間を、あわてて立派に生きようとする。僕は、この人間の軽薄から生まれた悲劇をしみじみと描いてみたかったのである。」

70年の時を経て、再び「生きる」が伝えようとしていることとは何か？

それは、他人の心を満たすためではなく、自分の心を満たすために「生きる」ことではないでしょうか。渡辺もウィリアムズも自分の作った公園のブランコで息を引き取るという、まるで映画のワンシーンのような設定でしたが、その表情は実に穏やかでした。

二人には、もう称賛の声は届きません。しかし、称賛の声などなくても二人の心は満たされていたに違いないのです。二人は軽薄でも悲劇でもない。二人は私たちが忘れかけていたものを思い出させてくれたのです。

時には、空気を読まず自分らしく「生きる」こと。

歯車になって組織に動かされるのではなく、時には組織を動かすこと。

舞台が日本から英国に替わっても、「ゴンドラの唄」がスコットランド民謡「The Rowan Tree（ナナカマドの木)」に替わっても、「生きる」は、いつまでも私たち公務員にエネルギーを与え続けてくれるのです。

　♪Oh rowan tree, oh rowan tree. Thou'lt aye be dear to me.

　Entwined thou art with many ties. O'hame and infancy. ♪

2024年1月

　　　　　　新しい自治体財政を考える研究会　代表理事　定野　司

●著者（財オタ）紹介

長久　洋樹 （ながひさ　ひろたか）：第 1 章
高岡市産業振興部次長
1970年富山県砺波市生まれ。2005年中小企業診断士を取得。2010年富山大学経済学研究科修了（修士）。1992年新潟大学経済学部卒業後、高岡市役所に入庁。その後、商店街振興・中心市街地活性化、文化財保護・活用、北陸新幹線新高岡駅周辺整備及び開業関連業務等への従事を経て、2017年総務部財政課長に着任。着任 1 年目に財政運営上の課題が顕在化したことを受け、「高岡市財政健全化緊急プログラム」を策定し、費用対効果を高める予算編成、執行管理等に取り組む。2022年より現職。
プライベートでは、自社のビジネス戦略と地域産業振興をテーマとした地域内外の経営者等との交流活動を約20年間継続している。
主な著書に『中小都市の「Ｂ級グルメ」戦略：新たな価値の創造に挑む10地域』（共著、新評論、2008年）などがある。

安住　秀子 （あずみ　ひでこ）：第 2 章
横浜市総務局行政イノベーション推進室評価制度推進担当部長
1971年横浜市生まれ。1994年横浜市立大学商学部経済学科卒業。同年、横浜市役所に入庁。
人事委員会事務局任用課担当係長、財政局財政課担当係長、港湾局経理課長、財政局財政課財政調査担当課長などを経て、2022年より現職。
長期国内留学派遣制度を活用し、2008年政策研究大学院大学修士課程（政策研究）修了。
財政調査担当課長時代に、プロスポーツチーム等との連携広報や「横浜市財政見える化ダッシュボード」の開発に携わる。
総務省地方公会計の推進に関する研究会（令和元年度）委員。
著書に『財政課も思わず納得！公務員の予算要求術』（学陽書房、2022年）がある。

今村　寛（いまむら　ひろし）：第 3 章

福岡地区水道企業団総務部長

1969年神戸市生まれ。1991年京都大学法学部卒業。同年福岡市役所に入庁。福岡市職員として、都市計画、国際会議場整備等を担当後、2002年度から2007年度まで財政局財政調整課係長として、2012年度から2015年度まで財政調整課長として予算編成、行財政改革等を担当。枠配分予算制度を基本とする局区の自律経営を推進することで組織、職員の創意工夫に基づく財政健全化を実現した。財政調整課から異動後は、経済振興、地下鉄事業、教育行政を担当し、2021年度より現職。

財政調整課長時代に培った知見をもとに、出張財政出前講座を全国で展開し約10年間で220回を数える一方、福岡市職員有志による『「明日晴れるかな」福岡市のこれからを考えるオフサイトミーティング』を主宰し、こちらも約10 年間で200 回以上開催。「対立を対話で乗り越える」を合言葉に、職場や立場を離れた自由な対話の場づくりを進めている。好きなものは妻とハワイと美味しいもの。

著書に『自治体の“台所”事情〜“財政が厳しい”ってどういうこと？』（ぎょうせい、2018年）、『「対話」で変える公務員の仕事〜 自治体職員の「対話力」が未来を拓く』（公職研、2021年）がある。

川口　克仁（かわぐち　かつのり）：第 4 章

大東市政策推進部次長兼行政サービス向上室長

1970年大東市生まれ。1995年同志社大学文学部社会学科卒業。同年大東市役所に入庁。大東市職員として財政担当課で予算編成、地方公会計、決算統計などを担当後、基幹系システム再構築や下水道事業の地方公営企業法全部適用などに携わる。2016年から 5 年間財政担当課長を務めた後、2021年より現職として行政 DX などを主導。全国市町村国際文化研修所などで、主に地方公会計をテーマに講師を歴任。

総務省「今後の地方公会計のあり方に関する研究会」委員、「地方公共団体の経営・財務マネジメント強化事業」アドバイザーを務める。

定野　司（さだの　つかさ）：はじめに、第5章、「おわりに」のひとつめ、ふたつめ

文教大学客員教授・「新しい自治体財政を考える研究会」代表理事

足立区財政課長時代の2002年に導入した「包括予算制度」が経済財政諮問会議の視察を受け注目を浴びる。以来、一貫して予算制度改革やコスト分析による行革を実践。環境部長時代の2008年から事業仕分けに参加。総務部長時代の2012年、新しい外部化の手法を検討する「日本公共サービス研究会」を設立するなど、自治体間の垣根を越えて持続可能な自治体運営に取り組む。

2015年から2期6年、教育長を務め退任。2021年より現職。

ヒトが育ち協働して創る未来をめざす「定野未来協創研究所」主宰。

全国各地で講義、講演、コンサルティング活動を行っている。

総務省「地方自治体の経営・財務マネジメント強化事業」アドバイザー。

近著に『自治体予算の基本が1冊でしっかりわかる本』（学陽書房、2023年）、『図解よくわかる自治体予算のしくみ』（学陽書房、2022年）、『合意を生み出す！公務員の調整術』（学陽書房、2020年）、『マンガでわかる！自治体予算のリアル』（学陽書房、2019年）、『自治体の財政担当になったら読む本』（学陽書房、2015年）などがある。

50のポイントでわかる
異動1年目の自治体予算の実務

2024年1月30日　初版発行

編　者	一般社団法人 新しい自治体財政を考える研究会
著　者	長久洋樹、安住秀子、今村寛、川口克仁、定野司
発行者	佐久間重嘉
発行所	学 陽 書 房

〒102-0072　東京都千代田区飯田橋1-9-3
営業部／電話　03-3261-1111　FAX　03-5211-3300
編集部／電話　03-3261-1112
http://www.gakuyo.co.jp/

ブックデザイン／佐藤博　DTP製作・印刷／精文堂印刷
製本／東京美術紙工

◎学陽書房の本◎

自治体予算の基本が
1冊でしっかりわかる本

「やさしく」「はやく」「丁寧に」わかる！
はじめての1冊に最適な入門書。
自治体予算の理解に必要な知識をカバー。
自治体の現場をよく知り、数々の講演に呼ばれる「予算のプロ」が、大事なポイントを凝縮して解説。

定野　司 [著]
A5判並製／定価＝2,420円（10%税込）

図解よくわかる

自治体予算のしくみ〈改訂版〉

予算要求や編成、予算査定に臨む担当者、議会の予算審議に携わる職員、議会人が必須の「予算書の見方」や「予算ができるまでの流れ」が、豊富なイラストと図解でスラスラわかる！
今改訂では、「ゼロ・マイナス成長下での予算」の章を新たに追加して、令和時代の自治体予算のしくみと現状を平易かつリアルに描いた。

定野　司 [著]
A5判並製／定価＝2,640円（10%税込）

マンガでわかる！

自治体予算のリアル

自治体予算とは何か、どうつくられてどうのように使われるのかをマンガで描いた初めての本。市民課職員を主人公にして、予算の機能、予算と事業の結びつき、市長・議会と予算の関係など、各章マンガと解説ページの二本立てで詳解！　財政課長経験者の現職教育長とマンガの描ける自治体職員が、自治体予算の現場をリアルに描く！

定野　司［著］　伊藤隆志［画］
Ａ５判並製／定価＝2,090円（10％税込）

自治体の財政担当になったら読む本

自治体の財政担当に向けて、最低限知っておくべき実務の考え方・進め方をわかりやすく解説。財政に関する制度の基礎知識だけでなく、上司・同僚・事業課との交渉のポイント、仕事への向き合い方など、財政担当としての心得や仕事術も紹介。はじめて財政課に赴任した方はもちろん、すでに数年経験している方にとっても必ず役立つ、担当者必携の１冊。

定野　司［著］
Ａ５判並製／定価＝2,750円（10％税込）

合意を生み出す！

公務員の調整術

公務員に必須の「調整」のノウハウを詳解！
上司・部下・他部署・首長などの「庁内」調整
から、「議会」や「地域」等との調整まで、決
裂させず、納得導くための考え方・実践のコツ
をわかりやすく解説。AI時代に必須のヒューマ
ンスキルが身につく一冊！

定野　司［著］

Ａ５判並製／定価＝2,200円（10%税込）

財政課も思わず納得！

公務員の予算要求術

予算査定する側・される側、双方を知り尽くし
た著者が教える、"予算要求のコツ"！
豊富な査定経験を持つ著者だからこそ言える、
"予算要求のコツ"を伝授！
予算査定担当者が何を考え、どこに目をつけて
審査しているのかがわかる！

安住秀子［著］

Ａ５判並製／定価＝2,200円（10%税込）